1

DE FRED VAN DER WAL WORDCOM PRESS BLOGS

MAART 2011

BITTERKOEKJES

maart 30, 2011

bitterkoekjes

bittere humor

als bitterkoekjes

gaat het er in

als Gods Woord bij

de Ouderling

met humoristische ernst

de ware gelovige

laat geen kilozak

onbeheerd staan

bij een vreetzak

want

pak 'm beet

binnen een uur

is ie verwerkt

van boven er in

van onderen er uit

en doet alle bitterheid

als bij toverslag

uit mijn ziel verdwijnen

zo wil ik slagen ontvangen

van een bitterkoekjesmeesteres

een koekiesmonster

geen leiden dat in last komt

als lijden lust schenkt

de zweep verlossing geeft

mooi is dat toch

dat er voor alles

je kunt het zo gek niet bedenken

een oplossing is

hetgeen te bewijzen viel

is weer eens bewezen

en dat alles

op een zonnige zaterdagochtend

Gerelateerd

STADSBLAD LIWADDERS: KUNSTSCHILDER FRED VAN DER
WAL UIT ST.-ANNAPAROCHIE MET 5 GEDICHTEN IN BUNDEL
'BITTERKOEKJES'

In "Zonder categorie"

ACHT BOEKEN TUSSEN 2009 EN 2011 WAAR FRED VAN DER WAL IN FIGUREERT!

In "Zonder categorie"

NAV Uw vraag naar bronnen over het werk van Fred van der Wal het volgende: Literatuur over Fred van der Wal:

ONTSPOORDE, KWAADWILLENDE "DEBIEL" FRED VAN DER WAL VAN BIB VERWIJDERD, VERHUIST NAAR VBLOG.NL

maart 30, 2011

ONTSPOORDE, KWAADWILLENDE "DEBIEL" FRED VAN DER WAL VAN BiB VERWIJDERD VERHUIST NAAR VBLOG.NL. WIE VOLGT?

VBLOG.NL, BEHORENDE TOT DE BETERE BUURTEN

(STEP INTO THE LIGHT BROTHER, TAKE YOUR PICK, SISTER! AND LET THE GOOD TIMES ROLL!)

LAST UPDATE WEBLOG CAREER FRED VAN DER WAL

Fred van der Wal 30-03-2011 09:52

Inmiddels ben ik weg bij het leuk vorm gegeven BlogInBlik

een site die vanaf het begin

grote bezwaren had tegen mijn bijdragen

en de communicatie met de beheerders bovendien nihil was

ik verwacht dat anderen ook zullen volgen en over stappen naar Vblog.nl

Fred van der Wal 30-03-2011 12:11

Inmiddels zijn een aantal aanvankelijk deelnemers weg gelopen bij het vrolijk vorm gegeven BloginBlik en een enkeling de mogelijkheid geboden aldaar om onder pseudoniem mede webloggers extreem lastig te vallen. Helaas ben ik van het geïntrigeeer door één van hen, een mij onbekend collegaatje, slachtoffer geworden en kan het BlogInBLik weblog niet meer op ondanks mijn enthousiaste deelname en ruim publiceren van bijdrages. Wellicht hebben de initiatiefnemers van BlogInBlik bij nader inzien grote spijt van het opzetten van een escape mogelijkheid voor het VKblog en de problemen niet goed ingeschat.

Zo werd ik door de beide sitebeheerders enkele malen voor imbeciel of snotneus uitgemaakt en nog meer soortgelijk fraais, waarmede zij zich in elk geval onderscheiden in weblogland door onbehouwen optreden en grove bejegening. Ik vermoed dat de achterliggende redenen van deze websitebeheerders een uitgesproken aversie tegen beeldende kunstenaars aan ten gronslag ligt. Blog in Blik zal wel een stille dood sterven jammer genoeg. Ik had het graaag anders gezien.

Fred van der Wal 30-03-2011 17:07

Zojuist nam ik kennis van nog enige kwalifikaties van Fred van der Wal- de zoveelste scheldpar-tij- gedaan door de niet al te kiese website beheerder van Blog in Blik tav mijn persoon:

"ontspoorde kwaadwillende vandaag verwijderd...reaguurder.. persoon die structureel zijn uiterste best heeft gedaan dergelijke ongein uit te lokken. Het spijt me zeer dat dit zo moest lopen. BiB dreigde de persoonlijke arena van debiel met te groot ego."

Mijn commentaar: BloginBlik zal wel een geruisloze, stille, pijnloze dood sterven onder het dictaat van de belegen gymnasiast die het bewind voert en zo graag pronkt met zijn vissers latijn.

Jammer!

Ik nam graag deel aan BiB, maar klaarblijkelijk is een beeldend kunstenaar daar in elk geval niet welkom en kan rekenen op ontvangst met een stortvloed aan scheldwoorden van de beheerder. Ik ben reeds door deze fijne meneer "imbeciel, debiel, oudehoer, snotneus en mislukte, zogenaamde kunstenaar" genoemd. Vervolgens stelde hij mij voor om gezamenlijk een website voor kunstenaars op te richten. Hij wist niet dat er al ettelijke zijn die een kommervol bestaan lijden. De ICT sector zal het

7

financieel wel moeilijk hebben, vermoed ik. Het zoveelste geval van projectie. Het loket van de WW wacht geduldig…

COMMENTAAR WEBLOGBHEERDER BiB DIE ZICH ACHTER TWEE SCHUILNAMEN (Admin of Philoktetanus) VERSTOPT:

Eenmaal, tweemaal, einde verhaal (door: admin) 30 maart 2011

Eenmaal gewaarschuwd, andermaal gewaarschuwd. Maar telkens dezelfde idioten blijven BiB gebruiken om hun kinderachtige vete uit te vechten. Beiden zijn, inclusief hun alterego's, geblokkeerd van dit weblog. BiB wil vrijheid voor bloggers met zo min mogelijk moderatie. Als Admin meen ik deze het best te dienen door lieden die deze vrijheid zelf niet aankunnen, en bovendien door hun gedrag anderen geen vrijheid verlenen, te blokkeren. Spijtig.

admin zegt verder: 30 maart 2011 om 11:47

Die ontspoorde kwaadwillenden zijn vandaag verwijderd. Niet alleen de reaguurders maar ook de persoon die structureel zijn uiterste best heeft gedaan dergelijke ongein uit te lokken.

Het spijt me zeer dat dit zo moest lopen. BiB dreigde de persoonlijke arena van twee debielen met te grote ego's te worden, waar velen aanstoot aan namen. Alea iacta sit (zou Philoktetes zeggen)

Fred van der Wal: Ik weblogde uitsluitend onder mijn eigen naam en niet zoals collegaatje Krudzlo onder allerlei schuilnamen, want dat is een dekmantel voor lafbekken en gluiperds. Ik moet dan toch even de Grote Bob D. aanhalen met een goede raad aan de lafhartige stiekemerds: "Please, crawl out of your window!"

EN WAT HEEFT DIE BOB DYLAN ME TOCH EEN GELIJK GE-HAALD!

Share this:

FacebookLinkedInTumblrPinterestTwitterRedditGooglePress this

Gerelateerd

ONTSPOORDE, KWAADWILLENDE "DEBIEL" FRED VAN DER WAL VAN BiB VERWIJDERD VERHUIST ! (DEEL 1)

In "Zonder categorie"

OVERZICHT VK BLOGS FRED VAN DER WAL 7 JUNI 2006 - 20 AUG. 2011(DEEL 2)

ONTSPOORDE, KWAADWILLENDE "DEBIEL" FRED VAN DER WAL VAN BiB VERWIJDERD

In "levenskunst"

HET ZAL WEL WEER ERG STIL BLIJVEN AAN HET WEBLOGFRONT...

maart 29, 2011

Het zal wel weer erg stil blijven aan het weblogfront...

EEN IEDER-VRIEND OF VIJAND, MEDE- OF TEGENSTANDER, GEHEELONTHOUDER OF DRONKELAP, VREEMDGANGER OF THUISKUTKLUSSER, BLANK OF BRUIN, MAN OF VROUW, HO-MO-, HETERO- OF BISUWEEL, TRAVESTIET OF TRANSSEKSJU-WEEL, DIE ONWAARHEDEN IN MIJN CV EN AAN-ZIENLIJKE LIJST VAN TENTOONSTELLINGEN KAN AANTONEN, MAG EEN KUNSTWERK VAN ONZE ALOM GERESPECTEERDE KUNSTE-NAAR FRED VAN DER WAL UITZOEKEN, GEKOPPELD AAN EEN ONDERHOUD VAN TEN HOOGSTE EEN HALF UUR, WANT WAT HEBBEN DE PRAATJESMAKERS IN TE BRENGEN!

HET ZAL WEL ERG STIL BLIJVEN AAN HET WEBLOG FRONT IN DEZE EN OOOOH, BOY, IT FEELS SO GOOD!

DE PARASIETEN, LEUGENAARS, DE BEROEPSWERKELOZE NACHTUILEN, DE ARTISTIEKE OPLICHTERS, DE MISLUKTE CLOWNS EN DE STAATSUITVRETERS WORDEN REGELMATIG DOOR ONZE KUNSTENAAR TE KIJK GEZET!

...WANT FRED VAN DER WAL LACHT WAT AF ! UIT VOLLE BORSTEN! MET OF ZONDER OPEN GEWERKTE BEHAHAHA!

IK HEB GOTBETERT NOOIT AAN MA OM EEN TIENTJE PER DAG HOEVEN TE VRAGEN EN ALTIJD MIJN EIGEN GELD VERDIEND IN TEGENSTELLING TOT MENIGEEN DIE HOOG VAN DE TOREN BLAAST EN HELE NACHTEN ZIT TE WEBLOGGEN BIJ GEBREK AAN SERIEUZE WERKZAAMHEDEN.

JE KENT DIE TIEPES WEL; TIEPES KOOS WERKELOOS EN JOOP HOERENLOOP, WIJF WEG GELOPEN, KINDJE WEG, HONDJE DOOD, TANTE AAN DE KUT KANKER, OUDERS DE PIJP UIT, KINDEREN DOOFSTOM, ZOON IN MEKAAR GESLAGEN, DOORZON WONINKJE NIEUWBOUWBUURT EN DAN ALS LAATSTE VRIEND DE FLES OM HET INHOUDSLOZE BESTAAN NOG ENIG RELIËF TE GEVEN ...IK HEB ER ALS MENSEN VRIEND DIEPE COMPASSIE MEE, DIEPE COMPASSIE! DAT WÈL! EN BEN ALTIJD GENEGEN OM OP PUUR PASTORALE WIJZE VAN UIT MIJN ZUIVER BIJBELSE OVERTUIGING TOT EEN LUISTEREN DOOR TE DIENEN VOOR DE BREKE BENEN, SUKKELS, SUFFERDS EN ANDER MAATSCHAPPELIJK AFVAL MET OPGELAPTE, ZOALS DE WIND WAAIT, WAAIT DE JASJES MET DIE RARE LEREN STUKKEN OP DE ELLEBOGEN OM OVER DE VETTE KRAAG MAAR TE ZWIJGEN WANT AAN DE STOMERIJ DOEN WE VANZELFSPREKEND NIET ALS SINGLES!

WAAR MOET HET ALLEMAAL NAAR TOE, DENK JE DAN, MET ZUKKE TIEPES.

DE JELLINEK? DE PSYCHOLOGIATER?

O, JEE, MEHEER DE DOMINEE ÈN EVEN LATER OOK NOG ALS TOETJE DE PAEDOPHIELE SPEKPATER?

HET GERUSTELLENDE SUIZEN VAN DE OPEN GASKRAAN ALS MUZIEK KLINKEND IN DE OREN?
DE KOP IN DE OVEN?
SPRINGER VOOR DE TREIN? VANGER IN HET KOREN?
KORENSLAG VOOR DE EO? ALLES MAG DAG? DE MUZIKALE FLUIT MAND? SOCIËTEIT TEISTERBANT? DE OCHTENDKRANT VAN WAKKER NEDERLAND?

Gedurende enige tijd zijn er door webloggers felle verbale aanvallen gericht op de man van de Eeuw'ge vrede, onze alom geliefde, van huis uit schuchtere, uiterts timide kunst artiest Fred van der Wal.

De regelmatig belaagde en soms zelfs fysiek bedreigde kunstenaar heeft zijn weerwoord uitvoerig gegeven met diverse weblogs en elke verdenking teniet gedaan ten aanzien van het waarheidsgehalte zijner CV en expositie vermeldingen.

Terecht merkte Lidy B. op dat een niet nader te noemen weblogger met een Friese achtergrond wel eens zijn excuses mocht aan bieden en wat mij betreft DAN TENMINSTE op zijn blote knietjes.

Een onbekende juffrouw met een administratieve functie bij het onderwijs -HET ZAL WEL WEER HET WIJF VAN EEN ACADEMICUS ZIJN- heeft drie weblogs gepubliceerd om onze kunstenaar belachelijk te maken en haar academische echtgenoot, die het roerend met haar eens was, stuurde ONZE GELIEFDE ARTIEST een leuke mail met slechts het woord lamlul, hetgeen wat al te summier is zonder verdere toelichting. IK HAD VEEL EERDER EEN UITLEG VERWACHT OVER DE TURING MACHINE, maar dat ver domt ie.

Een enkeling -UITERAARD WERKELOOS- meesmuilde klagelijk dat ik het "hard" wilde spelen en "dattie dat ook kon als ie wilde", maar waar een wil is daar moet ook een weg zijn, anders loopt men een Cul de Sac in, voegde Fred van der Wal er aan toe en grimlachte grootmoedig.

En waarom grimlacht onze kunstenaar zo van harte? Omdat hij de man van woord en weerwoord is; een ijzeren wet in het webloggeriaanse bestel. En geen stiekeme, achterbakse van achter de bruin gerookte vitrage loerende provinciaal

Welnu, lieve lezers, de doorgaans goed betaalde klagers weten niet eens wat hard is vanuit hunne gerieflijke posities met de billen op het fluweel van de overheid of het bedrijfs leven.

Een en ander heeft geresulteerd in het definitief afstand nemen door onze kunstartiest van een aantal weinig aangename pennevoerders die hij toch al zelden of nooit las en het gedurende enige tijd niet meer bezoeken van strak georganiseerde weblog borrels waar zijn agressieve opponenten zouden verschijnen.

Men kan weer opgelucht adem halen in het weblogplantsoen en verder gaan waarmee men bezig was!

Slechts de ware kunstenaar (fred van der wal dus) kent de hitte des daags en de koude des nachts van het artistieke leven en het zijn sterke benen die de weelde dragen, de artistieke sluipwespen en bescheten strontvliegen vallen af of zitten al of niet tijdelijk opgesloten in een leipespeis of het dolhuys.

En zo hoort het ook! In kunstenaarsland geldt The Survival Of The Fittest! En als iemand fit is…!

Gerelateerd

☐VERMELDINGEN FRED VAN DER WAL OP YASNI WERELDWIJD

OVERZICHT VK BLOGS FRED VAN DER WAL 7 JUNI 2006 - 20 AUG. 2011 (DEEL 10)

TITELS FRED VAN DER WAL VKBLOGS 20 FEBR. 2011- 20 AUG. 2006. AS BUSY AS A BEE CAN BE! (DEEL 6)

IK BEZONG DE KLAMME LOTEN VAN DE ZILVERBERK MET HOGE TRILLERS EN HYSTERISCHE GILLERS!

maart 28, 2011

Ik bezong de klamme loten van de zilverberk met hoge trillers en hysterische gillers en uithalen van hebbikjoudaar!

Fred van der Wal:"Vrouwen? Ik liet mij lang volkomen overrulen. Ik liet mij sturen en bevelen. Ik kwam tegemoet aan al hun wensen. Ik dacht dat het zo hoorde en genoot er misschien ook wel van...wist ik veel als jonge mens die de klamme loten van de zilverberk in het voorjaar bezong bij een Ukelele! Die klamme loten van een berk kan de lezer vergelijken met een paar lamme kloten na een stevige partijtje fucken".

Herziene en uitgebreide versie

Wij geloven U gewoon niet meer

Nou, ja, dan niet. Maakt het de wind iets uit waarheen hij blaast? Daar ga ik toch niet over, heer? Of wel soms? Ben ik dan de weerman met die bef-snor op de buis of een profeet in een kemelharen jas die staat te raaskallen op de Dam over het einde der tijden? Ach, welnee, hou toch op! Ik bedoel: als ik een wind zou willen laten (hetgeen ik liever niet doe in Uw gezelschap) blaas ik je wel even van hier tot Tokyo, dat wel en een natte hondenscheet brengt geluk bij de vleet, zeggen die Friezen allemaal in koor.

Ik vind dat in- en in goor, hoor

Daarom ben ik niet zo voor Friese kunst artiesten of die onbeleefde drs. H. Mous van de Friesche Kultuurkamer, die mij ongevraagd hate mails doet toekomen, laat ik het zwijgen er toe doen. Zijn naam zegt het al...Mous en dan ook nog eens geen familie van Mickey, dat die man zich niet gaat zitten schamen op zijn leeftijd achter de geraniums met dat onappetijte-

14

lijke ondermaatse Donald Duck vrouwtje van hem die net tot mijn navel komt.

Die kwakende stem ook van onder die enorme brillenglazen ter dikte van colaflesbodems en die brede Flalafel bekken. Denkt U nu dat ik 't leuk vind om daar tegen aan te kijken? En elke keer weer die leutige kreet in huis als er bezoek is bij meneer de kunsthistoricus Mous: "En dan is er koffie!"

Dan denk ik weer aan Hannes Meinkema met die onopgemaakt kop, daar krijg ik toch zulke rare ge dachten bij, dan denk ik er weer over om mij te bekennen tot de eigen sekse, zoals jaren geleden, voor dat ik de zinsverrukkende I.N. tegen het aantrekkelijke Web lijf met haar opwindende Web Mind leerde kennen.

Dan vind ik soms het culturele leven in mijn eentje in de Bourgogne weer zo in- en in triest, dan zit ik toch veel liever als niet roker in de doorrookte ruimte van "Café The Bitter End" waar de espresso niet te zuipen valt, een guitaarprins "Blowin' In The Wind" neuzelt om daarna over te gaan op " Livin' Doll", maar gotzijdank zit ik met de onweerstaanbare Isis Nedloni een potje te bomen achter het zoveelste glas witte Sancerre om daarna bij helder weer niet voetje voor voetje bij goed weer langs de Rijn te flaneren maar in volle galop, om haar alles te vragen, terloops zo nu en dan heel even speels haar hand aan te raken, mijn onaantastbare maangodin, barokke woordtovenares, aanbeden godin, die aan mijn Web zijde gaat…en tussen neus en lippen door al die vragen te stellen, overheden, verleden en toekomst, dat is zo ontzettend veel, daar heeft de ge middelde lezer of ondeugende schoolmeester uit Ede Wageningen toch helemaal geen idee van….dat bestrijkt toch minstens een veertien miljard paginas, zo ongeveer de omvang van het Internet, dat kunt U toch wel begrijpen in al Uwe eenvoud als verslaggever? Of moet ik het U nog eens uitleggen?

En in antwoord op Uw verzoek, meneer Boonstra, over toelichting op die opwaaiende zomerjurken en geruite jasjes, in winden die waaien waar ze willen, waar U zo'n prijs op stelt als vrijgevochten kunstartiest met al Uw verhalen over de Da Vinci code, die absolute nonsens, daar ben ik al helemaal niet van gediend, dat had U uit uw zelf toch kunnen weten bij Uw eigen, want voor dat soort onzinnige geestigheden en mystieke verzinsels, daar ben ik als romanties beeldend kunstenaar en geboren onder The Sign Of Scorpio als doorgewinterde sexuel obsedé ondanks alles toch veel te verstandig, nuchter, beschaafd en ingetogen voor, behalve wanneer ik mijn maangodin benader.

Ik ben daarom ook meer een kattenman, dan een hondenman

Ik kan de lezer(es) wel even verklappen dat mijn wederhelft en ik in het verleden jaren lang exact dat mannetje en dat vrouwtje uit het weerhuisje waren en nog steeds zijn. U weet wel. Ga ik naar buiten, gaat zij naar binnen en vice versa.

We slapen al jaren apart. Geen probleem hoor, zo houd je het rustig en draaglijk die echtvereniging, dat is iets anders dan de speeltuin vereniging van het Mariotteplein in Amsterdam Watergraafsmeer tegenover de familie Deutekom op nummer zeventien waar het in huis altijd leek te regenen.

Rainy Day Women.

Zo gaat het toch in het volle leven?

De een klimt naar boven op de maatschappelijke ladder, de ander met even veel vreugde naar beneden en komt niet weerom als onderbetaalde leerkracht van een of andere basis school.

Berend Botje dus. In een roeiboot naar de horizon. Zoals in een van die films naar een boekje van Heeresma.

De film was beter dan het boek naar mijn smaak. De regisseur en producent van die film heb ik eenmaal ontmoet.

Hij wilde een paar schilderijen van Chris van Geest en mij in zijn film hebben als decoratie. Toen ik begon over het honorarium haakte hij af. Ik zei hem: "Alle acteurs, actreutels, lichtmensen, scriptgirls, cutters, sjouwermannen, muzikanten, weet ik veel wie nog meer worden betaald. Waarom wij dan niet?"

Hij mompelde iets van het niet toereikende budget en zijn smalle beurs. Ik had het geld toen helemaal niet nodig, maar vond het een principe kwestie.

Ik zeg heel rustig, maar toch wat vanuit de hoogte: "Nou, meneer, dan komt U toch gewoon terug als brenger van het goede nieuws van een overschrijdend budget met een zak vol geld voor ons? U vraagt, de subisidiegever draait er zijn hand niet voor om! Simpel toch? En verder is het voor mij nu gewoon van Cut wat de onderhandelingen betreffen! " zei ik in 1975 in Amsterdam, op die benauwde boven verdieping aan de Korte Leidesedwarsstraat, waar Elsje, de zoveelste getourmenteerde vriendin van de zuurrealistische schilder Chris alle wasgoed voor het gemak op de versleten lederen sofas had liggen. Waarom ook niet?

De filmer in zijn kekke leren jasje vond mij brutaal als de beul en geen echt lekker jongetje, die bij alles Kut riep, hoorde ik achteraf van derden. De filmer had het verschil tussen Cut en Kut gewoon moeten weten na zes jaar film akademie waar Hans Klap directeur van was.

Die filmer is intussen al lang overleden aan een bekende terminale ziekte waar tot voor kort geen terugkeer naar het land der levenden mogelijk was en de uiterst aimabele Hans Klap ook, die heeft zich een breuk geneukt met vrijwel elke Nederlandse actrice tot en met Kitty C., de Anna Magnini van het vaderlandse doek en ook nog een hartinfarct gerookt en gezopen, hoorde ik van de in haar jeugd zeer aantrekkelijke Marlou, hetgeen haar zeer verdroot.

Ik ben de naam van die filmer trouwens kwijt, maar kan het indirect wel even opzoeken als U in de lobby wacht.

Zo slaap ik meestal in een van de kamers boven en zij beneden om de echtelijke vrede voorlopig nog even te bewaren. Ik slaap licht en snurksters zijn bepaaldelijk bij mij aan een verkeerd adres. Ik houd het liever rustig. Snokkend en snorkend door het leven? Mij niet gezien.En dat Friesland steeds verder weg zakt door de zoutwinning? Prima toch, daar is niets aan verloren. Laat de elementen maar fijn hun werk doen, dat is ecologies verantwoord, dan komt het allemaal goed. Staat er straks vier meter water in het gebouw van de Leeuwarder Courant, dan zie ik daar kunstkritika Johanna S. nog drijven met haar onderjurk als een sluier over haar gelaat en ontbloot onderlijf, waar ik al helemaal niet nieuwsgierig naar ben. Ik zie de vrouwtjes graag goed gekleed of in lingerie ter mijner en het eigen gerief. Tenminste in een olijk tangaatje, hetzij een vrolijke billenbedekker waar het schaamhaar veelbelovend boven uit krult en een beha al of niet met speelopeningen pus de noodzakelijke jarretelgordel voor de grafiese accenten aan het opbollende vlees, de half doorzichtige nylons, de geschoren beentjes, de gelakte teennnagels, de geparfumeerde zeven heilige plaatsen des vrouws en weettikveel wat er voor een eenvoudige Bourgondiese, ongeletterde, ongeschoren kunstenaar nog meer aan erotiserend hijs- en tuigwerk valt te beleven.

Slagschip met volle zeilen. Sail along silvery moon. Red sails in the sunset. Seemann komm bald wieder. Zeemeermin.

Laat ik de nerveus opgesneden bikinilijn vooral niet vergeten. En of de oksels geschoren zijn vind ik onbelangrijk.

De wilde mossel liever niet kaal of voorzien van een verticaal streepje, zo'n uitroepteken, terwijl het eigenlijk veel beter een vraagteken zou kunnen zijn bij de eerste kennismaking. En dan denk ik weer aan die pracht pop band Question Mark and the Mysterians.

Willen we dan wat anders? Neen! Niet wat betreft de vrouwen waar ik voor val, want dat zijn me een ondeugden, rekels en een onverbetrelijke spring in het velds! Niet om over naar huis te schrijven. Niet te stuiten ook. Rubber ball, you can bounce him back to me.

Ik ben ook fel tegen de ingetogen, kuise vrouw, de ideale schoondochter en vooral tegen maagden, daar schiet je helemaal niks mee op.

Doorkneed en doorleefd moet het wezen. Sappig en vol in de achterhand. Zoals de bij tijd en wijle wild dansende Isis soms rept van haar gemarineerde vlees, maar dat blijft tussen ons.

Wie dan nog geen trek krijgt tegen zessen 's ochtends vroeg is voor goed verloren! Servet om de nek geknoopt, hongerige blikken, mes en vork paraat. Mahlzeit!

Het leven, ook dat moet doorleefd zijn; een beetje beduimeld en stevig doorkneed. Jonge vrouwen heb ik geen enkele boodschap aan. Ik zie er de charme niet van in. Het zijn mij teveel tabula rasas. Onbeschreven panelen. Witte schildersdoeken. En zo ordi als Patty Brard al helemaal niet, die wil ik nog niet eens als Zweedse boskat in huis hebben, dan zou ik haar vast en zeker bij haar staart aan de was lijn hangen en flink met de mattenklopper geven tot ze begon te miauwen dan mocht ze weer los zo lang ze geen kopjes ging geven.

Ik heb trouwens liever oude meisjes, net al oude kaas en oude wijn, maar niet in nieuwe zakken.

Oude wijn hoort in een ouwe zak toch? Waar blijven we anders? Dus vooral geen liposuctie of opgespoten lippen die als gezwollen wekfles afsluit elastieken op die uitdrukkingsloze gezwollen Botoxkoppen liggen op de Gooise matras.

Ik houd ook niet zo van E.O. leden van het vrouwelijk geslacht of inwoonsters uit de Bible Belt met die Heilige Mariakoekiesblik in de ogen, want die hebben het achter hun ellebogen.

Neem nou Marion Truttke van de EO. Wat moet je er mee?

Veel religiositeit is onderdrukte geilheid, net zoals in iedere slager een massa moordenaar schuilt en in een tandarts een beroepsfolteraar om over een gynaekoloog maar te zwijgen, want wat daar in schuilt is mij een raadsel.

Ik wil mij daar gewoon niet in verplaatsen. Nu even niet! En die verzopen, fanatieke fundamentalistiese fijne Friese gristenjournalist, annex ijdeltuit R. W., zie ik 'm daar niet met zijn paardestaart als een drijfanker achter zich aan dobberen op de zilte baren?

Hoe bleek hij niet ziet in zijne verlorenheid. Geen medelijden mee. Het zal zijn karma wel wezen. Niets aan verloren. Soms moet je toch zo hard zijn tegen een Fries, tegen beter weten in! Wel vind ik het jammer van dat prachtige kantoor van Boonstra & Rademakers, waar ik heel goede herinneringen aan heb bij de overdracht van een pand, maar we kunnen niet alles hebben in dit leven.

Zo ga ik ook niet gebukt onder het lot van gesubsidieerde medekunste-naars, behalve dat van de Rotterdamse Man Met De Sombrero, die de laatste tijd zwijgt omdat hij gans andere problemen aan zijn hoofd heeft in de relationele en finantsiejele sfeer. Ik gun hem dat allerminst. Ik vind het ellendig als ik hoor hoe collegakunstenaars gekoeioneerd worden door stiekeme, kleine, benepen ambtenaren met machtskompleksen. Kom op zeg. Let it all hang out met je vuile was verder, zeg. Ik hoor nog van U! Met graagte! Het is dat U er naar vraagt, maar anders zeg ik ronduit: de man die hier tegenover U zit in al zijn eenvoud met een broek vol mede-dogen en overkokend van liefde, nou, die hoge druk pan is exact de man met een broek vol liefde die tegenover U zit over te koken op de kleinste pit toevallig, en ziet zichzelve steeds kleiner worden, zo'n beetje als het Droste effect, steeds maar weer, maar dan nog kleiner. Het kan me ook niets schelen om me klein te voelen, maar ik heb makkelijk praten met mijn een meter vierentachtig. Toch wil ik niet dat iemand tegen mij op kijkt. Ik wil niet de meerdere zijn van wie dan ook.

En dan is het uiteindelijk in het leven toch van: Take it or Leave it, the winner takes it all and Johnny is the boy for me.

Alleen zie ik zo weinig in boys, dat is wel jammer. Daar ga ik toch echt niet mee te koop lopen, dat blijft tussen jou en mij. Het is onzettend modern om wel wat in de boys te zien. We moeten toch licht metroseks-juweel wezen volgens de Cosmo en de Viva. Het zijn namelijk sterke benen die de weelde dragen. Kijk maar; ik heb ze, als ik in een verloren moment mijn jurk je even op schort en let dan niet op mijn jarretelgordel of het goed gevulde, alles onthullende tangaslipje met die schrijnende reetveter en de half doorzichtige, diep zwart glanzende nylons, 15 denier, hebben nog altijd mijn voorkeur in barre tijden, dus als U iets zoekt voor mijn verjaardag of voor vaderdag dan houd ik mij van harte aanbe volen. En hebben is houwen. Krijgen is de kunst. Graag de bon er bij voor als ik het met mijn dolle travestie vriendinnen uit Le Belle Etoile wil ruilen bij Hunckemöller Lexis.

Kirrend, joelend en stoeiend met malkander, dat wel, je wilt je met dat stelletje gekkies toch een beetje vrij uit kunnen gedragen, omdat ze bij de

brandweer te L. werken als wakkere spuitgasten met jatten als kolen-
schoppen en een schoenmaat 48 tot 56. Om daar een paar leuke, slijtvas-
te, paarse, suède pumps in te vinden! Niet te kort! Moeilijk! Nee, daar
heb ik heel wat mee te stellen.
Wilt U niet anders of kunt U niet anders?

Ik ben die ik ben. Ik geef toe dat mensen die voortdurend andere schijnge-
staltes wensen aan te nemen daar problemen mee kunnen hebben. Nee, U
natuurlijk niet, maar prijs de dag niet voor het avond is. O, ja, wat die
kado beha betreft; graag opgeleukt met strass, dat weerkaatst het kaars-
licht heel fijn en een geborduurd roosje ter aanmoediging van de serieuze
kunstbeschouwer tussen de beide cups of een strikje zoals ik gisteren nog
in een shop in Nevers zag…wel graag in kado verpakking, want ik wil
verrast worden!
Enigjes…alleen de prijs deed mij steil achterover slaan! Ik heb het maar
laten liggen.
En die pumps graag waterdicht, zodat ik er ook een speelgoedbootje van
kan maken als ik er een stokje met stukje zeildoek aan bevestig om 't in
de vijver van het van Heutsz monument in Amsterdam zuid te laten
dobberen ter verhoging van de feestvreugde van een paar passanten op
weg naar huis. Is weer iets anders dan een houten klompje.
Ik kan mij niet aan de aandacht onttrekken dat fantasie en werkelijkheid
bij U naadloos in elkaar overvloeien op een bijna filmische wijze
Als U dat zegt dan is dat zo. Ik denk het dus niet. Bioscoopbezoek daar is
mijn toenmalige gepassioneerde hartsvriendin Alice D. Dubbeldam van
hetMariotteplein als ex-calviniste lang geleden altijd heel erg op tegen
geweest, vooral omdat de Nederlandse film….(hier volgen een aantal niet
mis te verstane kwalifikaties die omwille van de gemoedsrust van de op-
lettende lezeres achterwege zijn gelaten.
Ik wil daarnaast Zwolly, noch Lidy, noch de buitengewoon aantrekkelijke
opwindende Isis voor het aanminnige hoofd stoten of in ernstige mate
schofferen met mijn doorgewinterde vunzige taalgedrag en in proza slechte manieren. En laat Isis mij nou toch uiteindelijk het liefste wezen in al

heur Bourgondiese Baroque en frenetiek fantastische invallen…Ik kan haar niet weer staan! Nee, daar houd ik de deur gaarne voor open als zij binnen komt schrijden in al heur glorie. Logies toch? Voor wie wil ik anders gaan?)

"Nee", zei Alice D. zuinigjes: "Nederlandse film gaat over junkies, dieven, moordenaars, pooiers, criminelen en hoeren, randgevallen, psiegoptatiese paljassen en zwartgallige, droefgeestige druiloren vol von Klagenstein powezie, dat is allemaal net als danshallen zeer zondig, staat in de E.O. gids te lezen. In die moderne rolprenten daar worden bepaalde onderhuidse lusten opgewekt in het ondernavelse door wilde, veile vrouw-en met woest bebaarde mossels, kuifje is er niets bij, vooruitstekende schaamheuvels, die niet zijn te bemannen zonder touwladder en pik-houweel, stijve tepels en schuimende pruimenbloesems en vreeslijk ontuchtige mannen die niet meer in te tomen zijn, zo heb ik vernomen uit een toelichting bij de catechesatie van Dominee Snijdoodt en zorgzuster Fijnvandraat".

En van die wilde vrouwen op pumps met opwindende lingerie, nou, daar lust ik wel pap van, omdat ik geen zin heb in een mekkerend lammetje of een zak cement in bed. Dat kennen we langzamerhand wel. Het moet alle-maal bruisen, hè. Een en al gekkigheid uit vieren tussen de lakens. Ik houd van vrouwen die op elk gebied eisen stellen en initiatieven nemen. Ook daar waar de zon zelden schijnt. Onder de dekens dus.

Geen facades?

Ach, welnee. U heeft te maken met de man die ik ben. Een man met een hart van klatergoud, maar ohne doppelte Boden im Erdgeschoss. Een jong-en van zwaar doublé.

Draai je rug niet naar mij toe, lieve Isis, want ik kus je in je hals voor je sterft, als je aaibaar bent! Niet meer, niet minder, maar bij nader inzien toch liever meer. Hahahaha.. Ik ga me daar een beetje moeite zitten doen om een beetje een ander te wezen. Kom op zeg! Laat me niet lachen. Ga nou gauw een beetje zoek raken met je misjpoge, zeg.

Ik ben de verschrikkelijke sneeuwman niet met zijn logge poten, als je die aan hoort komen gaat het van plof-plof-plof.

Daarbij houd ik mijn ogen liever open, want als ik ze sluit dan ben ik er niet meer. Daar kan ik toch niet mee leven? Ik wil jou, Isis, op mijn netvlies branden, op mijn tong proeven en in mijn geheugen griffen. De taoegaes van de geest.

Heeft U verder nog iets zinnigs aan ons te zeggen of is het weer het oude liedje?

Ik heb eigenlijk nooit wat zinnigs te zeggen gehad. Ik ben de man zonder eigenschappen. Dat verplicht ook tot niets. Daar heb ik mij al vroeg bij neer gelegd. Mijn ex-vrouwen waren zoals Els, Frieda, Yvonne, Monique of Catharina meestal van huis uit heetgebakerde hellevegen, dominante doerakken en berekenende hemeltergende haaibaaien.

Ik liet mij volkomen overrulen. Ik liet mij sturen en bevelen, afblaffen en commanderen. Ik kwam tegemoet aan al hun wensen op eroties gebied. Ik dacht dat het zo hoorde. Dat hoort bij een S.M. relatie, begreep ik later uit de seksjuwologiese literatuur.

"Objection, your honour", zou ik nu roepen, maar toen; ik was zelfs als twen in bepaalde opzichten een kind en kon niet weten…Zo eenvoudig en schuchter als ik toen was is er bijna geen tweede.

U heeft echt met mij geboft.

Ik schuw daarom doorgaans het openbare leven en schitter overal door afwezigheid.

Ook op kunstenaarsfeesten in Arti en Pulchri of die oergezellige boeken-ballen in de hoofdstad waar ik opgroeide, ook daar kwam ik nooit. Ik zit er dan ook heel comfortabel bij en kom materieel niets te kort.

Er komt namelijk heel wat op mij af de laatste tijd sinds ik een geweldige vrouw heb leren kennen.

En U zult achteraf toch toe moeten geven dat ik ondanks alles uitermate vriendelijk tegen de lezer ben geweest, meneer de schoolmeester Appartement (geestige kwalifikatie van Zwollywood), maar aan alles komt een einde in het openbare schoolleven, want we gaan niet eeuwig door met

doorklotsen voor de klas, zoals de golven van de Atlantic. Brak Breek-
water wat U opgeeft. Ik denk vooral aan The Rising Tide Of Conformity,
hetgeen ik angstaanjagend vind. Het overkoepelende materialisme. In
plaats van vol uit voor Fun, Love en Peace te gaan. Buiten de perken en
gierend door de bochten over alle vluchtheuvels heen, stoptekens en rode
lichten negerend. Soms heb ik nachtmerries over de tijd dat ik de kweekschool voor onderwijzers volgde.

Want daar heeft U aan de andere kant ook weer gelijk in: ik kan soms vreselijk kribbig zijn tegen de naaste hier in huis uit gemis om wat niet is en
nooit zal worden en voor een zilveren dubbeltje leg ik in gedachten m'n
ouwe moer nog vanmiddag om met een vleesspies na de barbecue, maar
niet na haar te hebben uitgeschud over de railing van het balkon met de
kop naar beneden en begint het me te verve len dan laat ik toch gewoon
los in mijn stoutste dromen.

Ik heb mijn moeder nooit gekend, mijn vader incidenteel gezien. Hij
gedroeg zich als een vijand. Ik was een onzekere tiener, ik was timide,
wereldvreemd, sociaal onhandig, pas op mijn eenentwintigste ontwaakte
ik, werd wie ik ben, ontplooide mij als een veelkleurige waaier, dankzij
mijn eerste, grote liefde, de gepassioneerde Alice D.

Daarom heb ik altijd meer respect voor vrouwen dan voor mannen gehad.
Vrouwen zijn mijn vrienden. Mannen niet. Ik heb aan mannen geen
enkele boodschap en zij aan mij niet. Ik ben geen mannenman.

Schok van herkenning toen ik in 1963 Wolkers meedogenloze verhaal
"Dominee met strooien hoed" las. Een bijna zon overgoten indringend
fotografies realisme. Literatuur betekende voor het eerst zingeving aan het
leven. Flits van herkenning. Uitroepteken van je eigen moderne tijd. Niet
langer was literatuur een slaapverwekkende kwelling, uitgevonden door
bestofte schoolmeesters met een gebrek aan fantasie.

Problemen lossen zichzelf meestal op in het leven. Nog voor de echo van
heur wanhoopsschreeuw is weerkaatst tegen de galerijflat van zeventien
hoog van De Clomp te Z. heeft haar kop het beton al geraakt. Laat als

alleenstaande moeder volwassen zoon na. En een smurrie op de tegels! Zal huismeester blij mee zijn! Wie kan de rotsooi weer eens opruimen? Als het nou de eerste keer was! GGD en politie bellen. Terwijl werktijd er al op zat. Uren schrijven, want voor niks gaat zon op en weer onder. De Godvers weerkaatsen door de lege galerij gangen. Hoeveel mensen zijn er niet? Aan een Boom des Levens zo vol geladen mist men…En dat gebordduurde rode roosje op die beha wil ik wèl graag tussen de cups en niet op de maagband of achtersluiting, anders ga ik gelijk stennis schoppen en hysteries schreeuwen, net als in dat museum in Parijs waar ik mijn met een poezenmotief bedrukte tas niet eens mee naar binnen mocht nemen, terwijl ik niet zonder een poes kan.

Dat geborduurde roosje: Als grijpgraag aandachts- èn oriëntatie punt, hè, zo'n versierend element, dat is visueel zo ontzettend belangrijk. Je moet het een beetje opleuken.

Als ik namelijk als doorgewinterde, manlijke behakenner iets niet wil dan is het de weg kwijt raken in mal kanders bloesje, dat geeft maar complicaties en misschien verdraai je je pols. Daar schiet toch niemand iets mee op. Ik ben voor concensus. Op elk gebied. Paars beleid met een vleugje roze. De meest milde man ter wereld, hè. Ik dus. U niet natuurlijk als journalist.

Daarom vullen wij elkaar toch ook zo goed aan.

En U heeft uw zonnebril tijdens dit vraaggesprek geen moment hoeven af te zetten, dat moet U toch wel deugd doen.

Laat ik U zeggen: ik kan nog steeds kakken zonder bril, dus wat dat betreft maakt het allemaal niet zo erg veel uit. Een bril is een bril. Ik heb voor de variatie nooit mijn eigen hand onder gekakt en ben daarna niet naar een receptie gegaan waar je iedereen een hand moest geven, net als de Amsterdamse auteur Adriaan Morriën deed.

In geuren en kleuren, hè. Zoiets zal ik niet zo gauw flikken. Ik houd van schoon. Ik vind dat allemaal tamelijk onbehoorlijk. Adriaan hield wel van vieze verhalen. Je hebt sexuel obsedés en sexuel obsedés, maar ik ben van de eerste soort. Toch ben ik tot alles in staat voor wie ik lief heb, dan gaat geen seksjuwelen zee te hoog. Eb en vloed.

De ongewassen hand van Adriaan, dat verhaal klopt, daar heeft men heel goede herinneringen aan in schrijversland en spreekt er nog vaak over. U weet toch ook wel dat in de meest sjieke parfums een minitieus spoortje stront is verwerkt? Maar U gaat mij toch niet vertellen dat ik nog steeds mijn bril op heb? Dat was ik alweer vergeten!

Fred van der Wal, 20 oct. 2006, gereviseerd 5 nov. 2006
COULOUTRE

Gerelateerd

Ik bezong de klamme loten van de zilverberk met hoge trillers en hysterische gillers! (deel 1)

In "Zonder categorie"

Ik bezong de klamme loten van de zilverberk met hoge trillers en hysterische gillers! (deel 1) Herziene en uitgebreide versie 24 okt. 2015

Ik bezong de klamme loten van de zilverberk met hoge trillers en hysterische gillers! (deel 2)

In "Zonder categorie"

WIE GEEN RANCUNE KENT OF GEEN VIJANDEN HEEFT, DIE HEEFT GEEN KARAKTER

maart 23, 2011

Wie geen rancune kent of geen vijanden heeft, die heeft geen karakter

Ik bedoel het echt allemaal heel serieus. Ik ontmoette jaren geleden de oud recensent van de kunstredactie van Elseviers Magazine, die niet alleen een interessant ogende echtgenote heeft, goed van belijning en zo, aardige cup inhoud, goeie billen, kleding smaakvol, verbaal begaafd, zakelijk talent, staat op de markt met een kraam vol snuisterijen uit Bali, maar waar ik het binnen twee minuten al nergens met hem over mee eens was en dat is meteen al veel belovend, want dan heb je tenminste nog iets aan gesprekstof.

De meeste webloggers bijvoorbeeld willen mee praten over de sociologische context van de beeldende kunst, maar weten nergens iets van af en gaan dan nonsens debiteren. Nog erger zijn de ongeschoolde kunst-artiesten met zes jaar lagere school die denken literatuur te schrijven door allemaal hoog dravend pseudo filosofisch geleuter op te schrijven.

Ik heb altijd gelijk

Die ex-recensent was een nieuwkomer in het beeldende kunstenaars-plantsoen, wist nergens iets van af, maar trok alles in twijfel wat ik te berde bracht en dan kijkt hij vreemd op als hij na een paar bezoeken over en weer de deur uit wordt getrapt.

Natuurlijk heb ik gelijk, dat staat buiten kijf. Ach, beeldende kunstenaars met hun aan- en inhang; ik heb er geen hoge pet van op. Ik moet altijd wat weg slikken als ik bij zo iemand op bezoek ben. Over het algemeen zijn ze zeer links en pacifisties georiënteerd, zo lang het ze zelf goed uit komt en de uitkering maar binnen komt. Ja, dan kunnen ze overdag lekker slapen omdat ze zich schamen voor hun bestaan. Ze zijn zo humaan en menslievend, zo tolerant, zo ruimdenkend, maar het is allemaal even vrijblijvend en gespeeld. Nee, dan heeft U aan mij een goeie. Wie geen rancune kent of geen vijanden heeft, die heeft geen karakter.

U kent uiteraard de min of meer in het kulturele haven gebied van Rotterdam bekende kunstfotograaf Repelsteel Bemelmans, met iedereen bevriend, altijd in de weer met lekkere dingen kokkerellen, vrouwtje verwennen, de katten eten geven als zijn dasje goed zit of druk doende glaasjes vol te schenken, voortdurend even vrolijk en opgewekt, de hele dag van tralalala…ziet overal de zon schijnen, zelfs nog met een zonnebril op onder de dekens in de donkerste poolnacht tussen de dijen van het lieve vrouwtje als hij op de bef toer gaat.

Hij riep bij de eerste ontmoeting in ons huis verrast uit dat hij nu een kunstenaar had ontmoet die nog serieuzer was dan hijzelf, hetgeen mij weer zeer verraste.

Ik ben zelden serieus genoemd. En dan moet U weten dat menig op art. 31 gereformeerde grondslag heel fijn gelovige meneer en me vrouw mij een buitengewoon ontuchtige sadomasochistische bisexuele lingerie fetisjistische promiscueuze gederailleerde, dwangmatig door sex geobsedeerde losbol vindt, die volgens hen bij maanlicht in dameslingerie door de tuin walst op die vreselijke muziek van Strauss en zich bij vol daglicht laat afzwepen door zijn Meester(es) op de maat van de stampende accoorden en het dwingende ritme van The Velvet Under ground.

Ik zou willen dat het waar was, maar dat kost heel veel centjes en die besteed ik veel liever heel anders dan in de bedstede van een betaalde juffrouw.

Soms amuseert mij dat wel, al die christelijke vooroordelen, maar ik vind het ook vaak heel ergerlijk, want ontkennen helpt toch niet, dan maak je jezelf nog meer verdacht bij die fijne gristenen. Maar ja, er wordt toch niet naar mij geluisterd.

Het verschil tussen R. en mij is dat hij een optimistische romanticus en een hedonist is en ik een pessimistische realist en in mindere mate een hedonist. And the twain shall never meet (?) en dat is maar goed ook, zegt U ? Daar geloof ik dus niets van, want hij heeft toevallig wel een heel fijne fiets met open kettingkast plus eenentwintig versnellingen en ik een ouderwetse velo van mijn overleeden schoonvader met maar drie versnellingen, dus voor de tweede colline vanaf Couloutre naar Donzy moet ik al uitgeput van mijn dertiger jaren rijwiel af stappen en een heel stuk lopen met een kop als een tomaat en dan gaat hij er als een speer vandoor, kijkt even achterom en wuift even uitbundig. Ik doe dan met een gezicht als een oorwurm uiter aard alsof ik niets zie, want je moet toch wat.

Ik ben niet iemand van compromissen uit gemakzucht en amuseer mijzelve uitstekend.

Iemand heeft in de zeventiger jaren van de vorige eeuw een boek over mij willen schrijven (een ex-leraar met zes M.O. aktes die nu al lang is overleden) omdat ik een kleurrijke figuur ben, die overal een mening over heeft en dat was net in de tijd dat ik al herhaaldelijk zei dat ik het modewoord 'evaluatie' zo verschrikkelijk vond – het wordt nu een beetje minder gebruikt.

Die man wilde een boek over mijn werk waarin op iedere bladzijde iets uit mijn werk of leven krities zou worden geëvalueerd en Freudiaans geïnterpreteerd, naar de mode van die tijd, waar ik toen al fel op tegen was. Dan is het toch wel duidelijk dat ik tegen de keien sta te preken. Ik heb die uitgave ook afgewimpeld, net zoals ik de kunsthistoricus Dr. G. Birtwistle van harte bedankte in 1983 om een artikel over mijn werk voor het Stedelijk Museumjournaal te schrijven want daarvoor vond ik het veel te vroeg. Hij ontkent nu overig ens dat aanbod te hebben gedaan en dat is weer heel tieperend voor een gereformeerde glimpieper.

In 2003 vroeg ik hem een voorwoord te schrijven bij een catalogus van mijn surrealistische werk 1964-1984, dat nauwelijks is geexposeerd, maar daar voelde hij helemaal niets voor, want kunsthistorici varen graag op veilig, die schrijven nog het liefst over dode kunstenaars, die kunnen ten-minste niet tegen spreken. Ik weet ook heel zeker dat hij door gefrustreer-de vrijgemaakt gereformeerden als de de latent homosexuele Groninger H. en de van zijn gereformeerde geloof afgevallen gefrustreerde tekenleraar M., de poepkliederaar uit Kampen, die zo graag in het geheim poep- en piessex porno boekies verzamelde en de tekenleraar J. uit Groningen tegen mij opgehitst is. Het was daarom niet alleen maar prettig om in Frankrijk te zitten, soms voelde ik mij de laatste jaren zeer ontmoedigd en heel erg gedeprimeerd in het calvinistische Nederland.

Ik had ook jaren lang last van zware astmatiese klachten en chronische bronchitis, die zo ernstig waren dat een ziekenhuis opname noodzakelijk bleek, anders had ik hier nu niet meer gezeten, ik ben bijna gestikt, kreeg zelfs last van ernstige evenwichtsstoornissen en dat is hier voorgoed voor bij.

De lucht in de Bourgogne is de zuiverste van Europa en anders is daar wel de afwezigheid van Nederlandse collegaatjes en mijn Pulmicort inhalator waar ik reuze baat bij heb.

Amsterdam vond ik altijd al erg provinciaal, vergeleken bij Parijs of Lon-den.

Dat TV programma van Bernard Pivot indertijd, dat proberen sommige mensen in Nederland te imiteren, zoals Adriaan van Dis, maar die hebben helemaal niet die woordenstroom op niveau, de parate kennis, een grapje hier en daar, one liners bij de vleet, gelardeerd met wise cracks, rond te strooien als pepernoten door de goede Sint.

Als je ziet hoe die arrogante Pivot behandeld werd door een stom dronken Charles Bukowski!

Heel Franrkijk kocht de volgende dag de boeken van Bukowski. Die man (B.P.) heeft die boeken echt bestudeerd, die las toch vier, vijf boeken in één week en bij saillante passa ges legde hij papiertjes. Dat hebben we in Nederland niet. Ze zitten hier maar wat uit hun vette nek te kleppen en te leuteren.

Als je de kunstkritieken in de Elsevier las van hier boven genoemde kunstcriticus, één en al gelul, die man had geen verstand van wat hij schreef, dat was een ex-direceur van een soort theater waar kindercircus Elleboog op trad.

Of ze laten de mensen even voelen: ach, we hebben het hier even over Nederlandse literatuur c.q. beeldende kunst, maar ik heb natuurlijk veel meer verstand van de Amerikaanse of de Engelse, zoals dat bekakt sprekende bisexuele NRC fatje Adriaan van Dis. Dat is in kranten ook zo. Als een Nederlander iets citeert, dan citeert hij iedereen behalve een andere Neder lander, want hij is bang voor provinciaal aangezien te worden.

Neem nou het uit Amerika overgewaaide afgrijselijke verschijnsel van de stand up comedian.

Ik vind het walgelijk. Iedere platte mislukte komiek denkt in Nederland een Lenny Bruce te zijn.

Als ik een caberetier hoor raaskallen over koningin Beatrix die anaal geneukt wordt door meneer de potsenmaker zelf op het toneel en door zijn naar binnen gestompte keiharde dikke cabaretlul een bebloed poepertje er aan over houdt, dan bekruipt mij een gevoel van ergernis. Ik vind het geen majesteitsschennis, hoor, daar ben ik teveel republikein voor. Ik vind het helemaal niks. Zouteloos. Ik zou 'm graag eens op zijn bek slaan. Ik vind ondanks mijn aversie tegen art. 31 aanhangers de vrijge maakt gereformeerde Hans Werkman trouwens de meest lezenswaardige literatuur kritikus in Nederland.

Ik dacht in het begin dat Fransen niet tot de menselijke soort behoorden.

Inderdaad. Ik sprak zo nu en dan de eerste maanden hier in de Bourgogne nog wel eens een Engelse dominee (Trevor Bryan) uit Cosne en het eerste wat ik hem vroeg of die Fransen Aliens waren.

Are they really human?

Vliegende Schotel piloten, van die kleine mannetjes met grote, rare ogen dacht ik, op zijn best, maar dat was toch niet zo volgens hem. Hij vond ze wel suspicious, maar dat treft ; dat ben ik ook. Onderdehand is hij van zijn vrouw gescheiden die na een mislukte zelfmoordpoging weer stevig aan de hasj is en heel relaxed met een gebutste guitaar (met een etiket er op:

this machine kills !) op straat in Nevers zestiger jaren liedjes zingt over peace and love, dat het antwoord in de wind ligt, vervolgens de konsekwentie trekt en met de pet rond gaat. Je moet hier trouwens alles zelf doen, dan red je het, dat is wel waar. Het is pionieren in Frankrijk. In Nederland bemoeit iedereen zich met de ander, dat zie je op het Vkweblog ook; hier bemoeit men zich hoofdzakelijk en bij voorkeur alleen met zichzelf. Een verademing. In Nederland luistert de ene helft van de bevolking de andere af. Dat hebben wij in ons laatste huis in Friesland zelf ervaren. Daar waren we heel snel achter. We hebben met heel wat hier gevestigde Nederlanders een zeer goede band en dan bedoel ik niet die categorie die hier twee maanden per jaar verblijft en dan gauw weer naar Rotterdam vertrekt om thuis kerstmis en oud jaar te vieren. Het is ook een heel ander slag dan hetgeen zich in Friesland vestigt en daar blijft hangen.

(wordt vervolgd)

Gerelateerd

WIE GEEN VIJANDEN HEEFT OF RANCUNE KENT HEEFT GEEN KARAKTER!

In "Blogroll"

IK HEB ALTIJD GELIJK!

In "levenskunst"

FRED VAN DER WAL HOGER GEKLASSEERD DAN AUTEUR W.F. HERMANS...

In "Beeldende kunst"

Bewerken

7 reacties

knutselsmurf

Ik twijfel. Ik heb een aantal mensen flink boos gemaakt, door gewoon de waarheid op te schrijven zonder rekening te houden met de consequenties.

Maar omzien in wrok ? Dat toch niet, dus dan zou ik geen karakter hebben.

fredvanderwal

Knutselsmurf

Ik had die one liner moeten specificeren, omdat deze in mijn optiek vooral voor het artistieke kunstenmakers plantsoen geldt.

Afgezien daar van heb je zeker heel wat vijanden gemaakt op het VKblog die jou regelmatig hebben zwart gemaakt en nog doen, dus heb je wel zeker karakter, waar ik nooit een moment aan getwijfeld heb.

Wim Duzijn

Gadaffi heeft ook een boel vijanden hoor!

fredvanderwal

Ik niet!

Alleen Krudzlo

kruzdlo permalink

Ik alleen Fred

fredvanderwal

Ik kreeg net een mail van iemand die zijn 20 euro voor een mislukte tekening door Krudzlo vervaardigd ondanks de belofte van Krudz niet terug heeft gekregen.

Het BKR contraprestatie steun werk van Krudzlo werd voor een euro per stuk verkocht volgens een kranten artikel.

Dat zegt mij genoeg over de geloofwaardigheid van kunstartiest Krudzlo.

JOKTE LIMBURGSE KUNSTENAAR X. DAT HIJ DRIE MAAL DE URIOT PRIJS WON? JA?

maart 22, 2011

JOKTE KUNSTENAAR DAT HIJ DRIE MAAL DE URIOT PRIJS WON? JA? OF NEE?

DE WAARHEID!!!

DE URIOTPRIJS BESTAAT. DE URIOT AANMOEDIGINGSPRIJS VOOR DE BRAAFSTE LEERLING VAN DE AKADEMIE KLAS OOK? WIJ VRAAGEN HET ONS AF!

IK LAS DAT JE JE ZELF N.B. KON NOMINEREN VOOR DIE PRIJS ! DAT IS ME NOG EENS EEN PRIJS!

Een mij niet bekende Limburger niet actieve kunstenaar afficheert zich-zelf graag als de studentleider van de jaren zestig.

K. student?

Hij beroept er zich op nog niet eens de lagere school te hebben afgelopen. Laten we het verder maar niet over zijn beweerde "academische" status hebben!

HIJ BEWEERDE MAANDEN GELEDEN DRIE MAAL DE PRIX DE ROME TE HEBBEN GEWONNEN.

HIJ LOOG. DE RIJKSAKADEMIE ONTKENDE DAT HIJ DE PRIX
DE ROME, DIE EENMALIG AAN IEMAND WORDT UIT GEREIKT,
OOIT HEEFT GEWONNEN.

ONZE FANTAST VERLEGDE ZIJN CLAIMS; HIJ ZOU DRIE MAAL
DE URIOT PRIJS HEBBEN GEWONNEN.

HETGEEN NIET BEVESTIGD WERD DOOR DE ADMINISTRATIE
VAN DE RIJKS AKADEMIE, NOCH DOOR HET NOORD HOL-
LANDS ARCHIEF TE HAARLEM, NOCH DOOR DE BOEKMAN-
STICHTING.

HIJ BEWEERDE OOIT LID TE ZIJN GEWEEST VAN ARTI ET AMI-
CITIAE . DE ADMINISTRATIE VAN ARTI ONTKENDE HET.

Vanochtend een mail van een overheidsarchief waar de totale archivering
van de Rijksakademie voor Beeldende Kunst is opgeslagen:

Geachte Heer van der Wal

Tot mijn spijt moet ik u mededelen dat in het archief van de Rijksaca-
demie voor Beeldende Kunsten dat bij ons berust, geen informatie te
vinden is met betrekking tot de toekenning van de Uriotprijs aan de door
U genoemde schilder. Naar aanleiding van het wel bij ons aanwezige
stamboek kan ik u melden dat hij per 15 april 1971 op de academie is
ingeschreven, misschien dat deze datum u nog van verder nut kan zijn bij
uw verdere onderzoek.

Hoogachtend,

……

Wat is de Uriot aanmoedigingsprijs? Een prijsje voor leerlingen van de
Rijksakademie te Amsterdam die het etiket braafste van de klas krijgen
van "leraren" die zichzelf de professor status toe meten en heel gewichtig
doen, meestal beeldend onbekwaam zijn en een uitstekende jaarwedde

tillen. Zoals gebruikelijk in het kunstonderwijs geven drankzuchtige brekebenen en onbekwamen les aan klasjes nieuwe brekebenen en onbekwamen. Zo volgt de ene generatie rotte mispels en pretentieuze strontvliegen de andere op.

IN LIMBURG HEEFT DEZE OLIJKE KARNAVALS FIGUUR VOLGENS EIGEN ZEGGEN GERUIME TIJD ALS CLOWN BIJ HET CIRCUS EEN INKOMEN VERDIEND. VOOR SOMMIGE KUNST ARTIESTEN BLIJFT HET MOEILIJK HET CLOWNS MASKER AF TE LEGGEN. OOK BRULDE HIJ EEN LIEDJE BIJ EEN SLECHTE POP BAND WAARMEE HIJ BEWEERDE DE EERSTE PRIJS VAN HET BOEERENDORP BOERSCHIJT IN BELGIË TE HEBBEN GEWONNEN

reacties

fred van der wal 07-04-2010 22:09

Wat beweegt een weblogger om zichzelf voorturend een grotere status toe te kennen dan de werkelijkheid hem een achteraf plaats op de mestvaaalt in de slagschaduw van de Grote Kanonnen heeft gegund? En het is dan niet de overbekende lijkenlucht van eigen roem die op wolkt maar gewoon een oerHollandsche mestgeur.

oliphant 07-04-2010 22:47

Fred, je verricht heel wat speurwerk. Ik denk dat ik je op je woord geloof, aangezien ik jou heb leren kennen als een mens en de door jou bedoelde artiest als een irritante intrigant, die in zijn eigen Nederlands de meest vreemde dingen te berde brengt. Misschien moeten jullie beiden op de volgende blogborrel op 8 mei komen:-) Kan ik zelf oordelen. Een gasmasker heb ik overigens niet meer, want ik mocht al gauw na de diensttijd mijn PSU inleveren. De keer dat ik hem moest gebruiken, gas,

gas, gas in een kleine ruimte, werkte hij bepaald niet goed. Ik ben bijna gestikt. Helaas bijna... Groet O.

François Labarbe 07-04-2010 23:07

Het is weer lachen met die Krulsla ☐

Ari Stocat 07-04-2010 23:11

Heb ik vier maal de Boekmanprijs in de wacht mogen slepen, vijf maal de NonPicturale mogen inleiden en als gelauwerd biotopisch adviseur een hand gekregen van Lou Simons (heb de hand boven mijn voordeur gehangen en als het goed is hangt ie daar nog) de grote voorzanger in het duet Komaan De Rapen Zijn

Gaar van Lodewijk Groensma en Kompasstellers BV.

Nochtans komt mijn omzet niet boven de vier pinda's en een kommetje tomatensoep per dag/kwartaal uit. Dat is vrij mager voor een palmares dragende kunstartiest met vijf gouden kwasten en een toepet vol gegroeide mierenkeutels.

Helaas, ook een inschrijving in de befaamde kunstklas van Arie Zalinger de Vierde mocht ik ontberen. Niet dat ik daar slechter van werd. Integendeel. Mijn bankrekening vult lekker op heden te dagen.

ZichvanVerre 07-04-2010 23:56

Wat betreft die drie maal prix de rome, verontschuldigde hij zich door te zeggen dat niet hij maar hielenlikkertje Olivier dat verhaal had verzonnen, grmpf

Ari Stocat 08-04-2010 00:22

Je zal maar kunstarm zijn en niet weten hoe de zaak zo te keren dat je als groot artiest de analen van het Vaderlandse schijtdarmkanaal verlaat.

Hoeveel middelmatige talenten mag ik nog voorbij horen en zien trekken met fanfare en lawaai composities?

Af en toe lijkt het wel alsof Nederland na de Gouden Eeuw een modderig cultureel badplaatsje is. In Amsterdam lopen er kunstenaars rond die zich "De Spin" noemen of De Picasso Van Amsterdam. Als dat de maatstaf is voor het vaderlandse kunstgedoe rondom de Cremers, Armando's en ander opgepompt tuig, ben ik maar blij dat ik geen rechte lijn kan trekken tussen Amersfoort en Kladderestradeel!

fred van der wal 08-04-2010 05:52

@René

Eén en ander heb ik voldoende toegelicht om opzettelijke valse berichtgeving betreffende deze "collega" toe te lichten. Verder is inderdaad dit boek gesloten wat het weinig interessante onderwerp van bespreking betreft, daar één en ander zo klaar als een klontje is.

fred van der wal 08-04-2010 06:00

@Oliphant

Er zijn drie bloggers, waarvan er twee waarschijnlijk zullen komen, die ik in het geheel niet wens te ontmoeten of te spreken, dus ik zal 8 mei zeker niet verschijnen. Een ontroerende verzoening met genoemden zit er dus niet in, noch een openlijke ruzie. Voor mij is het blog een aflopende zaak en nog regelmatig overweeg ik er mee te stoppen. Een aantal webloggers - en niet de minsten- is mij reeds voorgegaan. Individuele contacten kunnen vruchtbaar zijn, dat wel. De mail die ik ontving en ter inzage onder mijn beheer rust is afkomstig van het Noord Hollands Archief waar de ganse administratie van de Rijksakademie is ondergebracht. In verband met het auteursrecht op mail van de afzender heb ik niet de gehele mail gepubliceerd doch slechts geciteerd.

Wat betreft de militaire dienstplicht, weigerde ik indertijd dienst, geheel in lijn met mijn PSP overtuiging in de zestiger jaren. Afschuw van toepassen van geweld op decreet van boven af verwerp ik ten enemale. Om achttien maanden lang uitgescholden te worden leek mij geen pretje.

fred van der wal 08-04-2010 06:08@Grutte Pier,

Verder valt er weinig meer mede te delen over deze "collega". Mijn belangstelling voor deze persoon in kwestie is gering. Toch vind ik het van nut aan te tonen als iemand grove onwaarheden verkondigt uit imponeerzucht. Koketterie die op lucht gebaseerd is mag worden ontzenuwd, lijkt mij, hetgeen ik op korte en zakelijke wijze heb gedaan. De meeste webloggers zullen in het geheel niet op de hoogte zijn van de gang van zaken in kunstenaarsland. Welnu, ik kwijt mij gaarne van een voorlichtende taak. In het algemeen gesproken poog ik onjuistheden in het kunstenaarsplantsoen sinds 1965 recht te trekken. Wie zwijgt, stemt toe, heb ik altijd gevonden.

fred van der wal 08-04-2010 06:09

@ Francois

maar ook om te huilen

zo ongeveer als de wolven doen

tegen de maan

fred van der wal 08-04-2010 06:11

@ Ari Stopcat

Je hebt toch zeker wel een prijzenkast van notenhout met Lips hangslot voor alle zekerheid aangeschaft?

fred van der wal 08-04-2010 06:14

@Immoralist

De beeldspraak gaat mank en is niet van toepassing.

Access Denied.

fred van der wal 08-04-2010 06:14

@Zich van Verre

Die verontschuldiging was een zwakke poging om ontmaskering te verbloemen.

fred van der wal 08-04-2010 06:20

Conclusie;

Ik wil gelijk de Grote Paulus een iegelijk uitnemender achten dan mijzelve, doch ik voeg daar aan toe: Hij/Zij dient dan eerst even met de bewijsjes te komen dat Hij/Zij het gelijk aan zijn of haar kant heeft, want anders ontwringt zich me toch een hoongelach aan mijn strot! Hetgeen ik ten aanzien van mijn beeldend kunstenaarschap heb gepubliceerd valt te staven met de twee dozen aan documentatie betreffende mijn werk sinds 1965. Wie dat wenst kan één en ander inzien mits voorzien van witte, smetteloze, katoenen handschoentjes, een beschermingsbril en een mondlap voorgebonden. Bondage dus! Daar zijn we weer waar we wezen moeten.

fred van der wal 08-04-2010 06:39

@ZichvanVerre:

Wat betreft die drie maal prix de rome, verontschuldigde hij zich door te zeggen dat niet hij maar hielenlikkertje Olivier dat verhaal had verzonnen, grmpf. Fred van der Wal: Alleen al de manier waarop iemand onder zijn lulverhalen probeert uit te komen zegt mij genoeg. Olivier?

Ik herinner mij uit de pers wel een Heer Olivier die iedereen misleidde en oplichtte. Toch niet dezelfde?

fred van der wal 08-04-2010 06:41

@Ari Stopcat

Gij zijt me een leutebroek!

fred van der wal 08-04-2010 08:04

ENKELE DUIDELIJK REACTIES OVER BOVENSTAAND ONDER-WERP GEKOPIEERD VAN HET WEBLOG VAN LIDY:

Wies 07-04-2010 20:52

Lidy,

Nog vandaag lees ik een privé aanval op de bedoelde kunstenaar met achter zijn rug ingewonnen info over hem. Dit lijkt me veel erger dan de inderdaad vervelende Ria de Witte, maar die kan je probleemloos deleten of bannen. Als je naam wordt besmeurd lijkt me dit veel ernstiger.

ZichvanVerre 08-04-2010 01:02

In antwoord op Wies wil ik er wel even fijntjes op wijzen dat het deze meneer zelve is die is begonnen met Fred's 'antecendenten-onderzoek,' ongetwijfeld omdat de gasten bij hem worden vertrouwd zoals de waard (K.) is. Fred slaat enkel terug. Koekje van eigen deeg. En die artiest Bokito is de lul, want hij verzint zélf allerlei, blijkbaar uit een minder-waardigheidsgevoel geboren cv-onzin Bokito, dat weet wies niet, dat weten anderen niet omdat ze de betreffende blogs niet lezen of de voor-geschiedenis niet hebben meegemaakt, is ZELF een parttime-trol, door onder andere namen en IP-nummers door mijn ban te breken om minne-tjes stemming te kweken. Het is dat ik weet dat de vk-moderatie erg ge-brekkig is, anders had ik al lang een klacht ingediend, en het verzoek hem

te straffen, bijvoorbeeld door hem een lineaal in zijn reet te steken, zoals hij dat altijd mij, mijn openhartige blogs over een bepaald onderwerp kennende, toewenst, wanneer hij te gast is op deze of gene zijn blog.
Uiteraard wens ik zijn kinderen evengoed alle goeds. Ik zit namelijk niet als hem, Pipi Llulkous, in mekaar.

fred van der wal 08-04-2010 07:14

@Wies

Het raadplegen van een openbaar archief zoals het Noord Hollands Archief waar de administratie van de Rijksakademie is opge slagen heeft niets te maken met "achter de rug van iemand om informatie in winnen". U zou beter moeten en kunnen weten voor U emotionele niet gefundeerde uitspraken doet. De beeldende kunst gaat mij aan het hart en is geen hobby waarin pose, leugens en misleiding zouden moeten plaats vinden. Ik heb veel overlast gehad van door jou genoemde meneer en kom uitsluitend met zakelijke mede delingen over een valse claim ten aanzien van het drie maal winnen van een kunstprijs door deze collega, waarbij de lezer misleid wordt.Het lijkt me de normaalste zaak van de wereld om dat te checken. Het enkele malen onjuist vermelden van zogenaamde behaalde prijzen vind ik een zeer kwalijke zaak. Indien al of niet opzettelijk onjuistheden worden opgevoerd als verdienste kan dat gecorrigeerd worden. De normaalste zaak van de wereld.

fred van der wal 08-04-2010 08:54

Je hebt het mis meneer Rozen

de archivaris van de rijksakademie heeft er niets mee te maken

het Noord Hollands Archief is correct in zijn mededelingen

de naam XXX komt niet voor in toekennen van de Uriot prijs

dus maak je geen illusies

fred van der wal 08-04-2010 09:22

U bent toch niet zo naief dat U denkt dat een zoekmachine geen meerdere mogelijkheden biedt? Bovendien blijkt uit de mail van het archief dat XXX stond ingeschreven aan de Rijks akademie. Hij heeft dus inderdaad de naam kunnen vinden.

An van den burg 08-04-2010 09:30

Wat beweegt een weblogger om zichzelf voorturend een grotere status toe te kennen dan de werkelijkheid hem een achteraf plaats op de mestvaaalt in de slagschaduw van de Grote. Hij is zo gestoord als een deur, die X.! Ik zag een paar schilderijen vannhem: broddelwerk!

An.

fred van der wal 08-04-2010 09:55

@An van den Burg

Ben het volledig met je eens dat zijn schilderijen zeer slecht zijn. Het is typerend voor het nivo van de Rijksakademie te Amsterdam in de zestiger en zeventiger jaren dat leerlingen zonder enig nivo zich konden hand haven, lieden die geen enkel talent hadden, de dag na het eindexamen contraprstaie kregen, een door de staat gesubsidieerd ateliertje en zich gelijk op hun 23-e inschreven voor het Rosa Spierhuis om na hun 65-e ingepamperd verder te vegeteren.
Dat is nooit mijn ideaal geweest. Het leerlingenbestand van akademies is er voornamelijk om de plaats van de leraren te bestendigen. Hoe meer adspirant kunstenaars des te beter desalarispositie van de teken- en schilderleraren, die blijven wel zitten tot hun AOW.
Binnen de BBK kwam ik veel dit type collegaatjes tegen die heel wat sterke verhalen en praatjes hadden en zich dankzij geleuter, veel drank-

43

gebruik en slikken van psychedlica plaatsen in kunstcommissies konden verwerven of posities als leraren. aan akademies.

De reden waarom K. mij nu al geruime tijd al of niet in gezelschap van enkele andere webloggers verbaal aanvalt en acties tegen mij organiseert ontgaat mij ten enemale.

Er zijn "kunstschilders" die in de kroeg op de hoek zich een Nieuwe Rembrandt of Picasso van Amsterdam wanen en aan de tapkast met hun lulverhalen heel wat lof oogsten van de kastelein zo lang er maar gezopen wordt. Ik wil daar niet bij horen.

fred van der wal 08-04-2010 11:18

De mail is in mijn bezit meneer Rozen via het Noord Hollands Archief. Iedereen kan die gegevens opvragen. Waar heeft U het eigenlijk over? X. heeft nooit een prijs gewonnen. Als U in de waan wilt verkeren dat het wel zo is; veel geluk er mee. De feiten spreken voor zich.

fred van der wal 08-04-2010 11:36

Een typfout is gemakkelijk gemaakt Rozen, dat is een vormkwestie, inhoudelijk verandert er niets. De mail van het Noord Hollands Archief is in mijn bezit met de datum van inschrijving aan de Rijks akademie van X.-whatever-hoe die man heet.

Deze meneer met die exotische naam heeft nog nooit een prijs gewonnen en zal ook nooit iets winnen, zelfs niet mijn sympathie, net als Heer Rozen.

Wat dat betreft zitten jullie op één lijn. Voor verdere informatie uit een onbevoordeelde bron: lees het commentaar van ZichtvanVerre.

fred van der wal 08-04-2010 12:14

Je liegt dat je barst want een antwoord van het Noord Hollands Archief laat weken op zich wachten, meneer Rozen. ga je zo door, moet je vooral doen, dan is dat de zoveelste IP ban die je naar je kop geslingerd krijgt.

Isis Nedloni 08-04-2010 12:20

My dearest dear.......Zo...dat is ook weer helder!

Ondertussen heeft deze blogger....en andere valse bloggers ook

wel iets beschadigd......

Gezellig hoor.....bloggen....maar niet heus.

De glans wordt bestolen

waar we bijstonden

telkens weer

keer

op keer

waarom is de mens niet gewoon zichzelf?

Isis Nedloni 08-04-2010 12:47

Hufters zijn het!

Sommige bloggers zijn hufters!

And THEY ALL WANT TO BE THE BEST BLOGGER!

Ellebogenwerkend gaan ze door het blogbossenplein!

Telkens weer!

Zielig toch?

De mens...de mens ...sommige mensen laten echt zien wie ze zijn op een blog

Ook ten koste van anderen!

Hufters zijn het.

Hufters.......

Heel goed my dear dat je dit even verhelderde.

De waarheid achterhaalt zich vroeg of laat toch wel in het fakebloggersland.....bah!bah!bah!

Ik heb geen enkel respect voor de slijnmballen...de ellenbogenwerkers....de fake

figuren alhier op het blog.

Gelukkig is het een minderheid.

Maar richt deze minderheid wel schade toe.....

Triest is het.

fred van der wal 08-04-2010 13:21

Isis Nedloni stelt een zeer goede vraag: waarom is de mens niet gewoon zichzelf? En dan haalt onze kunsartiest Fred even aan: Weest Uzelf zei ik tegen iemand (Rozen,X.) maar zij konden niet zij waren niemand

fred van der wal 08-04-2010 13:23

@Rikus

Er lopen wel meer weinig kritische webloggers rond je bent niet de enige in de woestijn

fred van der wal 08-04-2010 13:25

Dear Isis

laat ze maar lekker braden in het vet hunner alles verterende haat en vraatzucht en als er een korstje aan zit eten we ze gewoon op.

fred van der wal 08-04-2010 16:49

Mijn informatie betreffende het ontkennen van de toekenning van de Uriotprijs aan de Heer X. heb ik per mail gekregen van het Noord Hollands Archief. Ik vertrouw er op dat deze informatie juist is. Er is geen enkele reden aan de juisheid daarvan te twijfelen. Alhoewel het niet erg nobel is om zo'n email weer te geven en zelfs niet legitiem deze aan derden te geven zal ik deze toesturen op aanvraag van betrokkenen indien gewenst, daar ik niet graag voor leugenaar, fraudeur of manipulator wordt uitgemaakt, zelfs niet door de alom beminde Ron Rozen, die ik helaas heb moeten bannen.

Vorser 08-04-2010 18:13

Zie mijn reacties onder de laatste bijdrage van de heer X. Hetgeen vreemd genoeg resulteerde in een ban. Wellicht kan de Stichting zelf opheldering geven. Het is ieg niet zo dat er jaarlijks 5 prijzen worden gegeven. Het is standaard 1, en soms meer. Wellicht is er sprake geweest van een nominatie. Je kan jezelf namelijk nomineren.

fred van der wal 08-04-2010 18:51

@Vorser.

Hahaha; jezelf nomineren! Het wordt steeds gekker! Of wel jezelf voor de gek houden! Ik heb altijd al gedacht dat de Rijksakademie werd bevolkt tot ver in de zeventiger jaren door psychopathische paljassen en zwartgallige druiloren, de "professoren" deels notoire dronkelappen, maar nu zie ik mijn vooroordeel weer eens bevestigd. Ik ga er verder achter aan in elk geval. Daar de Heer X. zichzelf ook toedichtte drie maal (!) de Prix de Rome tehebben gewonnen, hetgeen niets van klopte, zelfs niet één maal is

47

gerede twijfel ontstaan aan zijn verdere uitlatingen. Documenten over de verleende Uriotprijzen aan K. heb ik niet onder ogen gehad, dus….Waar heeft hij het over? Zijn beeldend werk vind ik trouwens ver onder de maat.

fred van der wal 08-04-2010 18:58

Vanmiddag bereikte mij een mail van het Noord Hollands Archief waarin de archivaris na woedende mails en telefoontjes van enkele betrokkenen voorzichtig terug krabbelde in zijn eerder gedane uitlatingen. Er was niets te vinden over het verlenen van de Uriot prijs in het archief, maar dat zou wel eens betekenen dat hij toch die prijs zou kunnen hebben gehad als er tenminste documentatie van voorhanden zou zijn geweest, maar helaas. Deze houding van zich verschuilen achter een wolk van woorden is de kenmerkende beroepsmatige houding van menig ambtenaar.

fred van der wal 08-04-2010 19:04

Enkele soms zelfs merkwaardige reacties in kopie van het weblog van X.

08-04-2010 15:45 Dit moet toch duidelijk zijn en ik hoop dat het Noord Hollands Archief wakker wordt en hun werk eens beter doen.

katja (=alias van Krudzlo) 08-04-2010 16:35

Nou, wat een gedoe nou met die klootzak vd Wal, die ik helemaal niet ken. Enfin, jouw werk spreekt me meer aan dan het zijne, wat overigens niets hoeft te zeggen over de personen in kwestie.

Krudzlo 08-04-2010 16:59

Maar niet denken dat IK met modder gooi hoor…!

Vorser 08-04-2010 17:43

Vreemd dat de prijs in 1975 tweemaal is uitgereikt:

Ellie Hahn

Ellie Hahn (Jutphaas, 1950) kreeg haar opleiding aan de Akademie
Artibus o.l.v.

Jan van Luijn (1968 – 1973) en aan de Rijksakademie van Beeldende
Kunsten

Amsterdam o.l.v. prof. V.P.S. Esser (1973 ? 1977). Tot 1989 was ze
docente bij de stichting Esthetische Vormgeving Artibus Utrecht en vanaf
1978 tot op heden is ze docente bij de stichting Crea: de Culturele
Afdeling van de Universiteit van Amsterdam.

Ze ontving in 1975 de kunstprijs Willem F.C. Uriot en was in 1977
winnaar van de Gouden Ereprijs van de Prix de Rome in de vrije beeld-
houwkunst.

X. (Krudzlo) 08-04-2010 17:50

Vorser er werd niet 1 Uriotprijs uitgereikt per jaar, meerdere tot dat het
geld op was. Snapt u???? Uriot (tandarts) gaf meerdere Uriotprijzen per
jaar.

Vorser 08-04-2010 17:58

Niet waar. Eén per jaar. En de stichting reikt deze nog steeds jaarlijks uit.
In 1957 werd de 'Stichting Kunstprijs Willem F.C. Uri(oo)t' in het leven
geroepen. Bij de toekenning wordt gelet op herkenning van een specifieke
leefwereld en het aangaan van risico's in werk en werkproces. De prijs
bestaat uit documentatie van het werk van een kunstenaar of samen-
werkende kunstenaars en publicatie daarvan in de vorm van een boek, cd-
rom, video of anderszins. Nu nog even de winnaars van 74 en 76 zien te
vinden.

Fred van der Wal 08-04-2010

Als Krudzlo werkelijk die prijs heeft gewonnen dan zal hij daar documentatie van in handen hebben. Zie reactie van Vorser. Die documentatie blijkt X. niet te kunnen tonen. En wie heeft er nou gelijk?

Vorser 08-04-2010 19:14

Andere levenswandel, wederom zelf gecomponeerd:

K. Life and Work

1967 The first photo contest Europe Basle Swiss

1970 Studies art at the Rijks Akademie voor Beeldende Kunsten Amsterdam

1974 The first Uriotprice for graphic Amsterdam

1975 The first Uriotprice aquarel Amsterdam

1980 First solo exposition gallery Paladijn Amsterdam

etc.

Fotowedstrijd is nu in 1967, en een andere benaming. Zo omschreven, een deelname dus. In 1976 geen Uriôt prijs?! Al met al zit er een behoorlijk luchtje aan de heer K. Of hij leeft in een fantasiewereld.

fred van der wal 08-04-2010 19:27

1977 Exposition Stedelijk Museum Amsterdam aquarel group.

De directie van het Stedelijk Museum distantieerde zich van dit soort tentoonstellingen georganiseerd door de Amsterdamse kunstenaars- verenigingen. Verzamelingen van zoveelste rangs gefrustreerde, door- gaans plat Amsterdams pratende kunstenaars met het verstand van een

50

regenwurm. Er stond altijd een bordje bij dat soort exposities " Buiten verantwoordelijkheid van de directie van het Stedelijk Museum".
En terecht!
De tentoon gestelde bagger was niet om aan te zien. Maanden geleden beweerde K. dat hij persoonlijk door de directeur van het Stedelijk Museum. Jhr. Sandberg, was uitgenodigd voor de Aquarellisten expositie. Dit is onjuist. De directie had niets te maken met de kunstenaarsverenigingen. Fantasie verhalen die door menig schwärmerische dame van middelbare leeftijd met een broek vol liefde voor de gekreukte medemens geslikt wordt. In de tijd dat K. mee mocht doen met een tentoonstelling van waterverschilders buiten verantwoordlelijkheid van de directie van het Stedelijk Museum was Sandberg al lang geen directeur meer (tot 1963) maar Mr. Edy de Wilde. Wat kan een mens zich toch vergissen!

GEKWOOT VAN WIKIKQUOTE. KWOOTS VAN FRED VAN DER WAL OVER LODE PEMMELAAR

maart 21, 2011

Met uw steun houden wij Wikiquote online!

Lode Pemmelaar Lode Pemmelaar (Rotterdam, 30 september 1942 – Leeuwarden, 15 december 1997) was een Nederlandse kunstenaar, werkzaam als (wand)schilder, tekenaar, illustrator, striptekenaar en tekenleraar.

"Lode in Friesland" op huubmous.nl 11 april 2010 (bron)

Opmerking: In de volgende quote van Fred van der Wal uit de vkblog bevatten ook een tekst van Huub Mous uit de bovengenoemde bron. Fred van der Wal vertelt daar vervol ens zijn kant van het verhaal.

"Huub Mous: Het werk, dat in de loop van de jaren tachtig zou volgen, bestond voor namelijk uit een lange reeks geschilderde dozen – gebaks-dozen, pizzadozen, pillen dozen, rode, blauwe, gele, smalle, brede, met en zonder deksel – allemaal briljant van kleurstelling en virtuoos in hun technische uitvoering, maar zonder veel nieuwe gezichts punten. Het waren wat je noemt variaties op een thema.

Fred van der Wal: In 1988 kocht ik een woning om als atelier te gebruiken in de G. Japicxstraat 39 te Leeuwar den, vlak om de hoek waar Pemme-laar maanden lang woonde met zijn nieuwe vriendin, een weinig op-zienbarende blonde juffrouw die bij de Leeuwarder Courant werkte.

52

Lode had beeldhouwster Eja Siepman verlaten en ingewisseld voor een jongere, veerkrachtiger versie.
Ik kwam hem enkele malen tegen. Hij weigerde te groeten. In zijn voortuin ter grootte van een postzegel lag op een ochtend een dildo, groot genoeg om een kameel mee te bevredigen. Verloren bij het uitschuddden van de dekens? In zijn volgende woning aan de kade zag ik een keer een gescheurde beha voor de deur van zijn atelier. De romantische artiest was weer eens even wezen raggen in een aanval van inspiratie."

Fred van der Wal (2010). Dozenschilder Lode Pemmelaar herdacht door Drs. Huub Mous. op VKBlog.nl, maandag 12 april 2010. (bron)

"Schilder-graficus Lode Pemmelaar (55) overleden". In: Leeuwarder Courant, 16 december 1997.

Opmerking: In de volgende quote van Fred van der Wal uit de vkblog bevatten nog een tekst van Huub Mous uit dezelfde bron. Fred van der Wal geeft daar weer zijn commentaar. "Huub Mous: Het werk, dat in de loop van de jaren tachtig zou volgen, bestond voor namelijk uit een lange reeks geschilderde dozen – gebaksdozen, pizzadozen, pillen dozen, rode, blauwe, gele, smalle, brede, met en zonder deksel – allemaal briljant van kleurstelling en virtuoos in hun technische uitvoering, maar zonder veel nieuwe gezichts punten. Het waren wat je noemt variaties op een thema.

Fred van der Wal: Het saaie, vlak geschilderde werk van Lode Pemmelaar is een opvallende imitatie van het werk van Jan Roeland en Klapheck. Het onderscheidt zich in niets van de schilderwijze van beide bekende collegae, noch in de onderwerp keuze. Eigen inbreng en originaliteit is ver te zoeken. In de kleine Friese bekrompen kunstenaarswereld keek men zelden over de Friese grens. Amsterdam was voor hen even ver van Friesland als New York van de hoofdstad." Fred van der Wal (2010).

Dozenschilder Lode Pemmelaar herdacht door Drs. Huub Mous. op VKBlog.nl, maandag 12 april 2010. (bron)

FRIESE GALERIEJUFFROUW BELT OP…DAN WEET JE HET WEL!

maart 20, 2011

Mevr. Driekus, eigenaresse van Galerie De Roos Van Tuymelaer belde me op.

"Ik zou graag een afspraak met U maken. Een klant van mij wees mij op Uw naam. Mij zegt Uw naam niets, daar niet van, maar ja, je kunt nooit weten. Meestal is het toch niks, maar ik wil Uw werk toch wel eens een keer zien om mijn klant tegemoet te komen".
Zo klonk het verveeld aan de andere kant van de lijn. Dit gesprek begon al goed! Tiepies Friese, harkerige, boerse, onbeschofte stan daard manieren waar de honden geen brood van lustten!
Ik negeerde de belediging en maakte zonder veel illusies op de goede afloop een afspraak.
Ze had het "erg druk, druk, druk" maar volgende week dinsdag zou het de chi que dame wel even een kwartiertje schikken. Ze vroeg niet of het mij uit kwam. De dinsdag daarop arriveerde mevrouw D. Een kort aangebon-den, humorloze dame, die poogde over te komen als een direkteur van een New Yorkse galerie op bezoek bij een provinciaal.
Ik kende de hooghartige houding van de dames en heren galeriehouders langzamerhand wel in de meer dan dertig jaar dat ik tentoonstelde.

"Heeft U eigenlijk wel eens Uw werken geëxposeerd in een goede, professionele ruimte?" vroeg ze gebiedend en streng als een S.M. meesteres.

"Meer dan 200 groeps- en eenmans tentoonstellingen in galeries en musea in Engeland, V.S., Zweden, Duitsland, Frankrijk, België en Nederland " zei ik naar waarheid.

"Dat lijkt me wel erg sterk overdreven, want ik ken Uw naam niet eens en ik zit toch al heel wat jaren in het vak!" ontglipte haar. Ik glimlachte.

"Ik kan het bewijzen," zei ik.

"Ach, dat zeggen ze allemaal. Ik hoor niet anders dan sterke verhalen tegenwoordig van de dames en heren kunstenaars en maar al te vaak blijft het bij verhalen. Ze spelen toch nooit bijna wat klaar!" zei ze achteloos. Ze zuchtte en sloeg haar ogen naar het plafond alsof daar een tekst was verschenen dat ik haar wat voor gelogen had. Ik stond op en haalde zes plakboeken uit de kast." Hier is het bewijs. Kijkt U maar rustig de recensies door", zei ik. Het was het oude liedje!

Ze bladerde er even in en legde ze ongeïnteresseerd opzij.

"Ik kom bij zoveel kunstenaars, die allemaal nog veel dikkere plakboeken vol met dat soort loze vulling hebben, maar het is bijna nooit wat. Met die computers van tegen woordig kan je wel alles bij elkaar verzinnen en controleer het maaar eens!" zei ze vermoeid.
Ze wees naar een acryl op papier werk van mij en zei lichtelijk geborneerd: "Dat schilderijtje van die zonnebril op die tafel is nog wel aardig, alleen had het voor mijn gevoel veel en veel groter moeten zijn, want voor dat postzegelformaat (30 x 50) kan ik natuurlijk geen prijs maken. Daar krijg ik de klanten niet mee plat! Die lachen me vierkant uit als ze zoiets van dat formaat zien!"

"Ik werk in verschillende formaten, van 10 x 25 cm. tot 100 x 200 cm."

"Dat maakt het voor mij als kunsthandelaar er ook al niet bepaald mak-kelijker op. Ik werk bij voorkeur met stabiele mensen die hetzelfde for-maat aanhouden, dan weet je waar je als galeriehoudster aan toe bent. De klant van tegenwoordig vraagt anno nu dat eigenlijk ook, die vraagt om zekerheid en kloeke formaten voor een redelijke prijs. Vandaag werkt de gemiddelde kunstenaar figuratief en morgen weer abstrakt, dat weet U ook wel. Ik neem een enorm risiko met uw werk tentoon te stellen, dat zie ik zo wel op het eerste gezicht! Uw tekeningen bijvoorbeeld; ik wil er wel eens één tentoonstellen hoor in een verloren hoekje in de gang, maar ook niet meer dan één. Ik kan U geen maximum exposure geven. U heeft totaal geen artistieke uitstraling, weet U!

Tekeningen zijn sowieso een onverkoopbaar artikel waar geen behoorlijke galerie houder die zichzelf respekteert aan begint, dat weet iedereen en ik moet nu eenmaal wel leven van de verkoop. Ik heb nu eenmaal geen partner met een vorstelijk inkomen. Tekeningen zijn al jaren totáál uit! Waarom heb ik eigenlijk nog nooit van Uw naam gehoord?"

"Dat weet ik niet. Misschien omdat ik erg weinig mijn werk exposeerde in Friesland. Het loopt hier allemaal nog een beetje achter. Vandaar misschien!"

"O, ja, vind U dat? Lopen wij hier achter in Friesland? Achter bij wat? Meneer van der Wal heeft ervaring in de handel? Meneer van der Wal weet 't weer eens allemaal beter? En meneer van der Wal loopt toevallig weer eens vóór?"

"Ja, dat vind ik eigenlijk wel!"

"En waar baseert U dat eigenlijk op?"

"Er is nauwelijks een Galerie te vinden in die 19 jaar dat we in Friesland wonen die realistiese schilderijen wil ten toonstellen. Het is meestal rotsooi, dat ze exposeren, zoals die troep van die ex-huisschilder uit Firdgum, die mislukte tekenleraar, dat vieze mannetje met die steun trekkende alcoholiese vlegel, die beroepswerkeloze, mis lukte, kleverige ex-trein kellner die hij als namaak butler in dienst heeft."

"Jan Murk? U bedoelt onze grote, Friese kunstenaar Jan Murk?"

"U zegt het! Ik noem hem altijd Jan Jurk, vanwege zijn hobby om dames-kleding aan te trekken."

"Ach, die speelt toch helemaal geen rol. Daar is trouwens sowieso niet mee te werken. Hij is heel aardig, zo lang hij zijn arrogante, grote smoel maar dicht houdt. Waarom heeft u die schilderijen van u indertijd niet bij van Hulsen geëxposeerd? "

"Omdat hij een tentoonstelling van mij geweigerd heeft. Zijn echtgenote, die Anneke Tanneke Toverheks klunst in haar vrije tijd wat met verf en varkensharen kwasten, was het niet met mijn werk eens en daar houdt hij liever vrede mee.
Ze vond me qua tiepe mens op Barend Blankert lijken en daar had ze toch al jaren lang de pest aan vanwege zijn succes.
Ze was ook erg bang voor concurrentie, omdat ze zelf figuratief schildert, maar dan heel slecht"
"En bij Galerie De Vis in Harlingen?"

"Ze hebben het werk bij voorbaat afgewezen. De reden waarom, weet ik niet. Ik geloof dat ze bezwaar hadden dat ik niet zoals de meesten van de contraprestatie vrat."

"En die Galerie in Gorredijk? Waarom stelt U daar niet tentoon, dat is vlak bij Uw huis, dan hoeft U niet zo ver!"

"Ze hadden geen belangstelling en vonden me bij voorbaat al een fascist, schreven ze."

"En die surrealistiese Galerie Beekman dan?"

"Die heeft een kaart vol spelfouten terug geschreven dat hij geen belang-stelling had, dus dan houdt het op. Ik houd niet van bedelen. Daar ben ik als internationaal kun ste naar veel te goed voor!"

"Kunt U begrijpen dat ik eigenlijk niet goed weet wat ik met Uw werk en persoon zakelijk gezien aan moet?"

"Nee, dat begrijp ik helemaal niet."

"Nou, U bent me anders wel een brutaaltje! Ik heb nog nooit mee gemaakt dat een Friese kunstenaar mij tegen sprak! Waarom begrijpt U Uw eigen positie niet? Ik kan als gesubsidieerde Galerie een kunstenaar nog altijd maken of mollen! Al naar gelang het mij uitkomt, meneer van der Wal. Of wilt U dat niet begrijpen? Galerie Jurka heeft ook bijzonder negatieve mededelingen over u gedaan, weet u dat wel? Hij heeft mij ernstig gewaar schuwd voor u!
"Meneer van der Wal vindt zich zelf de koningin van het bal, maar dan moet meneer van der Wal zich eerst maar eens laten ombouwen", zei hij mij. Begrijpt U wel wat daar de konsekwentie van is? Waarom wilt u dat toch niet begrijpen? Ik snap die kunstenaars nooit die zichzelf voortdurend tegen de wind in de baard spugen!"
"Omdat ik het niet kan en wil begrijpen! Daarom!"

"Weet u wat? Ik zal het goed met u maken! Ik wil niet helemaal negatief overkomen als voorzitster van de vereniging van kunsthandelaren, on-danks dat het voor mij volkomen onverkoopbaar werk is dat u mij hier voor schotelt.
Ik heb zo mijn bedenkingen tegen dat soort werk dat u maakt. Het is ook geen kwaliteitskunst!
Ik ken ook geen schilders waar uw werk ook maar in de verste verte op lijkt en dat is in mijn branche geen aanbeveling, weet U. Als het nou nog op Francis Bacon, Picasso of Karel Appel leek, dan zou ik zeggen: Ja, dáár kan ik iets mee, dat geeft de klant een stevig referentiekader, dan weten we allemaal weer waar we aan toe zijn, dan kunnen we het naslaan in de catalogus, maar dit, dit…ik kan u niet helemaal plaatsen!
Ik begrijp u niet, meneer van der Wal en als ik u niet begrijp, dan begrij-pen mijn klanten u ook niet, want ik vertegenwoordig hier mijn klanten!
En wat betekent dat, meneer van der Wal? Dat betekent, dat ik helemaal niets van uw werk zal kunnen verkopen en dat de kassa niet gaat rinke-len!
Niet alleen niet voor mij, maar ook niet voor u!

En door wie komt dat allemaal, meneer van der Wal? Niet door mij, maar door meneer van der Wal zelf, die onbegrijpelijke schilderijen maakt die niemand begrijpt, behalve meneer van der Wal. U denkt toch niet dat u Van Gogh of Rembrandt bent, hè? Laat ik het zo stellen: Ik wil het goed met u maken! Ondanks alles! Over zes maanden kom ik weer eens terug om te kijken of u schilderkunstig enige vorderingen heeft gemaakt en dan kunnen we alsnog verder zien wat we met meneer van der Wal zakelijk gaan ondernemen en zit er ook maar enige verbetering in de kwaliteit dan kom ik na zes maanden nog een laatste keer terug. Is het dan nog niks als amateuristische knudde, dan moet ik u helaas teleurstellen.

Helaas! Ik kan en wil als galeriehoudster met alle verantwoordelijkheden van dien nu eenmaal niet over één nacht ijs gaan.

Zo gaat dat misschien in Amsterdam, meneer van der Wal, maar niet bij ons in Friesland, meneer van der Wal!

Als er een elfsteden tocht wordt gereden kijken wij Friezen ook eerst de bevroren kat uit de beijzelde boom, dat moet u onderdehand toch wel weten! U gaat nu maar eens van dat schilderijtje met die zonnebril daar in de hoek een groot, echt volwassen, fijn olieverf doek van normale afmetingen maken en dan belt u mij maar eens terug als het af is, dan kunnen we alsnog ver der zien als ik tijd heb. Ik heb het voortdurend bijzonder druk, weet u, als voorzitter van de vereniging van kunsthandelaren, want wij openen een tweede vestiging in Leeuwarden binnenkort, alhoewel ik daar uw werk niet zal kunnen brengen, want het past niet in de groep, dus ik kan ook niet al te veel tijd aan u als beginnende kunste naar besteden, begrijpt u? Ik ben geen kinderoppas! U zult, figuurlijk gesproken, naar de geest van de tijd artistiek en zakelijk uw eigen broek op moeten houden als kunstenaar! Aan in pamperen, afvegen en doortrekken kan ik, figuur-lijk gesproken niet meer beginnen! Daar voor ben ik te al ver met mijn Galerie!"

"Vooral dat laatste zal ik in overweging nemen. Om de relatie enigszins aan te houden: kunt u mij uitnodigingen voor de tentoonstellingen van uw galerie sturen?" vroeg ik als laatste, verzoenende poging.

"Nee, nee, nee, dat kan ik helemaal niet. Ik heb toch al meestal veel te weinig uitnodigingskaarten om te versturen! Postzegels zijn duur, meneer van der Wal en drukwerk is niet gratis tegenwoordig! We leven niet meer in de 60-er jaren, meneer van der Wal! Wij zijn als onder neming geen charitatieve instelling! Ik was trouwens toch van plan net weg te gaan!"

"Dan houd ik u niet langer op."

"Dat is ook niet de bedoeling!" was het snibbige antwoord van deze juf-frouw die klaarblijkelijk het laatste woord wilde hebben. Ik gaf haar een hand en liet haar uit.

"Dit wordt niks,"zei ik tegen Ina toen ze weg was.

"Nee, dat denk ik ook niet! Waarom ze vanaf het begin hier zo kwaad en kortaf deed, begrijp ik niet helemaal. We ontvingen haar vriendelijk en gastvrij! Ze lijkt Dieuw ke Bakker van Galerie Mokum wel! Net zo'n neuroot!" zei Ina gepikeerd.

"Oh, in dat soort toestanden heb ik absoluut geen zin ! Dat is eens maar nooit weer! Nog liever helemaal van mijn leven geen schilderij verkopen, dan weer met zo'n walgelijk product in zee te gaan! Bovendien heeft ze totaal geen beleid, visie of smaak! Wie neemt nou die af schuwelijke schilderijen van die klungel Jerre Hakse?"

Een paar dagen later, toen ik mij over mijn ergste weerzin tegen deze vertegenwoordigster van het gilde van de Friese kunstkruideniers en kulturele misselijk makende, benepen middenstanders had heen gezet, schreef ik haar in een poging het contact niet helemaal te verbreken, een kort, zakelijk, doch uiterst vriendelijk briefje:

Beste A.,

Zou je mij een uitnodigingskaart voor de volgende ten toonstelling willen toezenden? We komen heel graag op de opening! Verder zou ik graag deelnemen aan je groeps tentoonstellingen zodat het publiek alvast kennis kan maken met- en kan wennen aan- mijn werk. Bij voorbaat mijn harte-lijke dank en tot wederziens!

Met vriendelijke groet,

Fred van der Wal.

Ik wachtte twee maanden op antwoord,dat uitbleef. Ik begreep dat deze wispelturige, weinig zakelijke dame om de een of andere reden geen zin had om mijn werk te exposeren en niet de beleefdheid kon op brengen om een briefje te sturen. Mijn geduld was op. Ik wilde alleen werken met kunsthandelaren die mijn werk graag wilden vertegenwoordigen en voor Galeriehouders als Dieuwke Bakker, Rob Jurka, Rutger Brandt, Joop Ve-nekamp en Janna van Zon, die ten aan zien van mijn werk nooit tot een besluit konden komen had ik al bijzonder weinig respekt.

Een kunsthandelaar staat voor de volle 100 procent achter het werk van zijn exposant, dat is het minste wat een kunstenaar mag vragen van de Galerie eigenaar. Ik schreef Anita Driessen een briefje dat ik naar aanlei-ding van de onprettige gang van zaken liever af zag van een verdere zak-elijke relatie.

Via via hoorde ik dat ze beweer de dat ik een van haar abstrakte schilders fysiek had bedreigd en dat ik een gevaarlijk man was, die maar liefst 3 Oosterse vechtsporten beheerste. Dat laatste was waar: ik haalde een eer-ste kyu in judo, jiu jitsu en karate, de laatste graad op 53-jarige leeftijd en misschien was ik ook best in staat met een machtige mawashi-geri het licht uit de ogen van een abstrakte schilder te trappen en de kop van zijn romp.

Het was per slot van rekening altijd de moeite van het proberen waard. Bovendien had ik nog een bokstraining van een oud nationaal kampioen gehad en het nut van een vechtsport kon alleen in de praktijk word en be-wezen. Je moest toch wat in het leven als beeldend kunstenaar! Ik moest maar weer eens in training gaan en mijn favoriete bezigheid van met mijn rechter vuist dwars door zes centimeter hout stampen wederom beoefenen. Of er misschien maar van af zien, dat leek me nog 't beste! Boven dien; Ik was al jaren lang als niet officieel erkend ex-christian artist alleen uit op love and peace, bloemetjes in mijn lange, asblonde haar en daar mee weer helemaal terug bij de mentaliteit waarmee ik begon als overgevoelige, artistieke, vrouwelijke, toen nog aan zijn sexuele identiteit twijfelende, jonge man, die nog niet gekozen had, voor het heterosexuele leven, daar in het spannende struikgewas op dat Kopje van Bloemendaal, tussen de duindorens, nazomer 1963, met mijn teerbeminde klas genote Akice D., daar op die uit kijktoren, vlak bij het strand en de toen nog niet verontreinigde grijs blauwe Noordzee, want wie ver ziet en lang genoeg van uit de hoogte blijft neer staan kijken op de eigentijdse medemens weet dat wat hij van verre haalt ook altijd weer het lekkerst is!

En waar ik als beeldend kunstenaar begonnen ben? Daar bij die molen… ik bedoel daar aan de waterkant in die vijver met een dozijn statige zwanen in het Vondelpark bij de verlaten muziektent met die lange loopplank, ja, daar…

Share this:

FacebookLinkedInTumblrPinterestTwitterRedditGooglePress this

Gerelateerd

EIGENARESSE VAN GALERIE DE ROOS VAN TUDOR BELDE ME OP (DEEL 1)

In "Zonder categorie"

Eigenaresse van Galerie De Roos Van Tudor belde me 1995 op

In "Geschiedenis"

Mijn werk werd regelmatig geweigerd door Dieuwke Bakker van Galerie Mokum voor tentoonstellingen, zonder verdere toelichting

AMSTERDAM GEEFT KUNSTENAARS HUN BKR-WERK TERUG OF KADO AAN HET AMC

maart 20, 2011

AMSTERDAM GEEFT KUNSTENAARS HUN BKR-WERK TERUG OF KADO AAN HET AMC

Artikel WILLEM E.

Geannoteerd door Fred van der Wal 5 jan. 2011

Op stellingen in de kelders van een oude (Amsterdamse) havenloods liggen 60.000 schilderijen, beelden, objecten, wandkleden en werken op papier opgeslagen. Vroeger lagen ze in het veem Willem I aan de Cruquiusweg in een niet al te beste conditie, het vroor er binnen even hard als buiten. Loods 6 van de opgeheven Koninklijke Nederlandsche Stoomboot Maatschappij in het oude havengebied van Amsterdam is geklimatiseerd, de bewaarconditie is nu redelijk.

De verzameling omvat werk van 1200 kunstenaars uit een reeks opeen volgende generaties. Karel Appel zit erin, Corneille, Lucebert, Jan Sierhuis, Jan Dibbets, Ger van Elk, Pieter Holstein en Armando. Bijna iedereen van betekenis in de beeldende kunst in Amsterdam is er wel met werk in vertegenwoordigd.

Een kritikaster van mijn weblog beweerde dat de hele verzameling BKR werk bestond uit rotsooi van zoveelste rangs kunstenaars.De slechte kunstenaars kregen vaak honderden werken terug.

Fred van der Wal heeft van de gemeente Amsterdam bijna niets terug gekregen, niet meer dan tien stuks, de goede werken hebben ze gehouden, eenander gedeelte van het aangekochte werk van mijn hand (70 kunstwerken) is naar het ICN, het Stedelijk Museum Amsterdam, het Rijks-museum Amsterdam en diverse gemeentelijke instellingen gegaan.

AMSTERDAM

Het is de verzameling, die de stad verwierf uit de contraprestatie en de latere Beeldende Kunstenaars Regeling. De belangrijkste werken (zoals van Fred van der Wal) zijn inmiddels wel opgenomen in de collectie van het Stedelijk Museum of uitgeleend aan artoteken, ziekenhuizen, scholen en gemeentekantoren, maar het grootste deel verdween in het anonieme depot. Alleen de beheerder keek er de laatste jaren nog naar om, niemand nam er meer kennis van. De 'voorraad' wordt nu aan de kunstenaars terug gegeven.

Ik kreeg slechts een tiental werken terug waaronder enkele die beschadigd waren. In het Stedelijk Museum zijn drie van mijn werken via aankoop Amsterdam koopt kunst beland en zes via de BKR. Het zegt genoeg over mijn kwaliteiten. Het BKR werk dat geveild werd bacht doorgaans niet meer dan een euro op zoals een werk van Job Rob Krudzlo.

Op karretjes staan kunstwerken klaar om afgehaald te worden. Op lange tafels wordt grafiek in dozen gepakt. In de kelderloods is een ruimte afgeschot als kantoor. Amsterdam wil, net als het rijk, van zijn BKR-collectie af en alles in één keer opruimen.

Het overgrote merendeel van de BKR kunstwrken was rotsooi, slechts een 6 à 8 % verwierf de begeerde BCW status (afk. Bijzondere Culturele Waarde) waaronder tientallen van mijn kunstwerken, hetgeen betwijfeld werd door een uit Friesland afkomstige weblogger die vond dat hij het veel beter wist.

Na het publiceren van formulieren met de vermelde BCW status van mijn werk zweeg hij. Een andere beta wetenschapper meende dat Fred van der Wal zich alleen maar "belangrijker wilde voordoen dan hij was". Niet dat hij het werk van Fred van der Wal kende of veel kennis van beeldende kunst had, in elk geval had hij zijn mening klaar. Zijn partner, een mevrouw die met een spintolletje schapenwol voor zelf gebrejen truien spon als typisch zeventiger jaren culturele activiteit schreef enkele weblogs vol denigrerende op- en aanmerkingen over Fred van der Wal.

De BKR. Het was ooit een ideale regeling, uniek in de wereld. De kunstenaar kreeg een inkomen in ruil voor werk. De contraprestatie dateert uit 1947 en werd later opgevolgd door de Beeldende Kunstenaars Regeling, die in 1987 buiten werking werd gesteld. De politiek keerde zich ervan af, er was geen geld meer voor.

Er was wel degelijk geld voor maar de polttieke wil ontbrak om de BKR voort te zetten in steeds meer verrechtsend Nederland. Het lag politiek bij het grote, niet geïnformeerde publiek van Telegraaflezers goed om die zogenaaamde luie kunstenaars eens flink te pakken. In Amsterdam was lange tijd de CPN als enige conserverende kracht in staat de BKR te behouden.

De inkomensregeling is omgezet in een beleid van incidentele opdrachten en aankopen, waarmee maar een klein deel van de vroeger aan de regeling deelnemende kunstenaars wordt bereikt. Het neerbuigende hangt er nog steeds omheen, de wethouder spreekt het oude verhaal na van kunstenaars die het er even tussendoor deden.

'Je kent het wel, de jongens in de kroegen die zeiden: "Ik mot er effe een uurtje tussenuit om een doekie voor de gemeente te maken voor de poen, maar eerst effe schijten".'

De kunstberg bestaat uit drie verzamelingen van samen 110. 000 werken. Zo'n 18.000 werken zijn in de artoteken terechtgekomen, 30.000 werken hangen in overheidskantoren, scholen en ziekenhuizen. De rest – de winkeldochters die niemand wilde hebben – is opgeslagen in de oude loods van de KNSM. Het belangrijkste deel van de verzameling – werk van 'uitzonderlijk culturele waarde' – heeft een plaats gekregen in de collectie van het Stedelijk Museum. De meeste grote namen zijn uit de boterberg verdwenen. Het verder uitgeleende werk kan worden verworven voor *f* 200,- het stuk. Wethouder Ernst Bakker vraagt er geld voor, in tegenstelling tot het rijk dat zijn uitgeleende BKR-collectie weggeeft. Hij wil met schenking de markt voor actuele kunst niet verpesten. De artoteken zijn erop tegen, ze hebben geen financiële middelen om zo'n aankoop te doen. Ze moeten dat bedrag dan voor 18.000 kunstwerken neertellen. Er wordt nog naar een tussenoplossing gezocht.

Een van de grootgebruikers van het gemeentelijk depot is het AMC. Een deel van de Collectie Brummel kamp, de door de eerste directeur van het academisch ziekenhuis aangelegde kunstverzameling, bestaat uit zo'n vierduizend werken uit de BKR.

Er zijn ex contrapestatie kunstenaars die zich er op beroemen "wel tien werken" in de collectie te hebben. Dat kan heel goed. De contraprestatie werken zijn ruim oververtegenwoordigd. Niet bepaald een aanbeveling voor het kwalitatieve nivo van de collectie, die het qua verzameling niet haalt bij de collectie van het Stedelijk Museum Amsterdam waar een hoge drempel geldt voor te verwerven kunst.

De beheerder van de loods, Frank M., is nog bedroefd over de manier waarop zijn werken daarin werden opgeslokt: 'Ze maakten er mooie sier mee. In het begin hebben ze nooit gezegd wat van ons kwam, bij publikatie werden we niet genoemd. Het heeft mij altijd gestoord.'

De hoogtijdagen van de regeling lagen in de jaren zeventig. Er kwamen toen in het depot, dat nog naast museum Fodor was gevestigd, 800 kunstwerken per maand binnen. Beeldhouwers konden volstaan met één werk per jaar, maar van een schilder werden drie werken per maand verwacht, van een graficus tien. De beheerder herinnert zich nog dat ze op de inleverdagen een ketting moesten vormen om het werk naar binnen te dragen. Hij worstelt met een achterhaald adressenbestand uit 1987, toen de regeling werd opgeheven. Veel kunstenaars hebben sindsdien hun atelier moeten opgeven en zijn verhuisd, een aantal is overleden, via het bevolkingsregister moet hij de erfgenamen zien te achterhalen. Tot nu toe zijn ongeveer 500 kunstenaars benaderd en zo'n 10.000 werken terug geschonken.

De teruggaaf werd met gemengde gevoelens ontvangen. M.: 'Veel kunstenaars vinden dat ze al die jaren voor niets hebben gewerkt, maar anderen reageerden weer enthousiast. '

Een aantal opgespoorde oudere kunstenaars weet niet wat ze met het werk moeten beginnen.

Uiteindelijk blijft de vraag wat er gebeurt met het werk dat overblijft, het woord vernietiging is al gevallen. Ernst Bakker: 'De principiële vraag is of ieder kunstwerk eeuwigheidswaarde heeft. Ik ben er niet voor om kunst te vernietigen, maar wat doe je met werk waarvan de kunstenaar zegt: "Hou het maar".'

Overal in de loods staan wagentjes volgepakt met werk dat is teruggevraagd. In bij elkaar kilometers lange stellingen staan schilderijen in alle formaten. Op lange schappen liggen stapels tekeningen, ernaast staan beelden die te groot voor een stelling zijn. Er is veel klein plastiek bij, maar ook grote monumentale constructies die nog dromen van plaatsing in een park of op een plein.

Allemaal hadden ze natuurlijk ooit de ultieme pretentie opgenomen te worden in de collectie van het Stedelijk Museum, deel uit te maken van de kunstgeschiedenis.

Er zitten – ondanks de eerste keus die het Stedelijk had, waarbij 700 werken werden uitgezocht – nog wel bekende namen in de collectie van Loods 6, ook van mensen die inmiddels op een andere manier verder zijn gegaan. Hele levens en levensverwachtingen liggen er in besloten. In een gangpad staat een ingepakte familiezending klaar om opgehaald te worden, met werk van Theo Daamen. M.: De feiten wijzen uit dat er veel grote namen uit de regeling voortgekomen zijn. Ik hoor ze, als ze hun werk komen ophalen, nu zeggen dat ze altijd hun beste werk inleverden. Ze leefden ervan, de meesten namen het heel serieus.'

Share this:

FacebookLinkedInTumblrPinterestTwitterRedditGooglePress this

Gerelateerd

Mijn werk tentoonstellen in Friesland en Groningen bleek onmogelijk

In "Zonder categorie"

De door Fred van der Wal vermelde gegevens betreffende zijn werk en CV zijn overigens controleerbaar

In "Zonder categorie"

GEEN EXPOSITIES WERK FRED VAN DER WAL 1978-2016 IN FRIESLAND DANKZIJ BOYCOT

In "Zonder categorie"

IK BEN GOTSIJDANCK IN AMSTERDAM OPGEGROEID EN NIET IN HAARLEM!

maart 19, 2011

Ik verhuisde mei 1967 naar de hoofdstad terug en had tot juni 1968 niet te vreten, want de grote stad is hard voor een inwoner die tien jaar is weg geweest uit de hoofdstad, dus ik heb van alles gedaan om nog een paar centen bij elkaar te schrapen.

Ik moet een stoot poen in mijn broekzak voelen branden anders word ik vreselijk nerveus, ga stotteren, op mijn teennagels kluiven, net als Jim Morrison openlijk masturberen op het toneel en rare bekken trekken in het verkeer, gelijk Brian Jones, mijn favoriete Rolling Stones lid, omdat ie de meest nonconformistische was, dat kun je zo hebben als kunst artiest met een message.

In Amsterdam ben ik opgegroeid in de Concertgebouw buurt. De Palestrinastraat. Vlak bij het Vondelpark. Het was een zegen voor mij, dat sjieke oud-Zuid. Die rust, dat stukje cultural breeding, die beschaving, net wat ik nodig had en dat kweekt een heel anders soort kunstartiest dan bij de inboorlingen in Friesland of Groningen, daar word je misvormd tot artistieke allochtoon met aanpassings moeilijkheden.

Wat ik daar niet allemaal heb mee gemaakt! Breek me de bek niet open! Ik ben pas later met die buurt in mijn gedachten tot de definitie van mijn geniale kunstenaarschap gekomen. Elk huis verschilde van een ander huis en dat is de oorzaak. Eenheid in verscheiden heid, maar wat een degelijke bouw.

Het kunstenaarschap houdt trouw aan jezelf in; trouw aan die onbevlekte, bleke, bevende, onzekere jongeling die je in je jeugd was, die in het hoge register met zijn kopstem- het leek gotsamme wel een nicht- de zilverwitte schoon heid van de berk in het maanlicht bezong met een falset stem bij de joekelulle, omdat hij niet zingen kan, want als je heet niet zeggen kan dan moeet je wel voor het zingen de kerk uit, terwijl de onbevlekte maagd naast je op een bed van mos gezeten er verveeld op zit te wachten tot ze dub bel gepakt wordt in alle gaten en hoeken, want dat is modern, ook in de damesboeken. Niet dus! Alsof het daar alleen om gaat!

Als dat niet de ware aard van de powezie is, dat huilen tegen de maan en voorbij laten gaan het geen zich aandient aan rokend kutspek, dan weet ik het ook niet meer.

De schoonheid van het falen.

There's no success like failure, zong de Grote Bob Zim mermann uit Hibbing al bij zijn onbeholpen van Woody Guthrie geleende guitaar spel.

Als dat niet de ware existentialist kenmerkt!

Wat willen wij eigenlijk met onze talenten? Zijn wij dan allen flavlipjes van na de houdbaarheids datum, net als het geknookte riet, dat wederom opgericht zal worden door Hij met een grote Ha uit het O.T., maar dan uiteraard getransponeerd op een hoger vlak en wel dat van de volwassenheid op weg naar de Eeuwigheid?

En dat is een eind fietsen! Neem dat van mij aan! En kun je niet mee komen, blijf je maar liggen, moet je maar zien, wat er van komt! het lijkt wel Minimal Poetry without Motion.

Of staan wij liever als die aap Bokito op de dam met een omgekeerde alpino op de grond om wat kopergeld op te vangen?

Ach, weettikveel! My name is nobody! Ik lijk verdulleme wel een EO dominee met zo'n rare slagers jongen bakfiets die een grote boodschap in zijn broek heeft.

Wat moet den artiest doen vroegen hele generaties griffermeerde, schuld bewuste tekenleraren zich angstig voor het Laatste Oordeel af voor de klas terwijl ze broeierig keken naar de tieten van de leerlinge met de Stung Bee Lips op de voorste bank die al drie keer was blijven zitten, maar een lijer had om een punt aan te zuigen met die tepels die door he strakke t-shirt lijken te branden. Kan je er dan als leerkkracht wat aan doen bij de naschoolse opvang als je losse handjes een potje gaan wapperen? Zelfs voor een nakketikker met een teken akte, die niks te makken heeft is dat gebruikelijke usance.

Je moet er als kunstartiest voor zorgen dat je werk en persoon toegankelijk is voor een brede groep en geen wartaal spreken zoals Lucebert of Schierbeek. Geef mij maar Isis Nedloni, die de taal van het hart schrijft in smeltende beeldtaal !
En wat de anderen betreft?
Spreek eenvoudigweg je moers taal, maar vooral geen plat Amsterdams of knauwerig Fries, want dat is wartaal voor het varkenshok.
Waar het dan wel om gaat?
Dat zal ik U eens uitleggen. Heb U misschien een vuurtje? Mag ik dat dan even van U roven?
Oooh, wat leuk; U heeft ook al een Zippo, net als Brusselmans, maar waar was ik ook weer gebleven?
Het gaat uiteindelijk toch om de van eenvouds verlichte wateren, zoals de dichter eens zo treffend zei.
Waterverf dus, doch niet van de goedkope soort uit de speelgoedwinkel.
Waar ligt de makkes van het struikelblok voor de jonge artiest? Vraagt U zich dat dan nooit eens af?

Voor vele collegaatjes is het gedrukt worden of geëxposeerd in dure galeries belang rijker dan het vreten. Voor mij dus ook. Voor wie vreten moet ligt het anders, die vaart op kommersjeel, dan word je een tekenleraar te Tietjerksteradeel of gaat met het rokende spek van je hangkut op de kermis staan.
Mij gaat het daarentegen uitsluitend om de kwaliteit.
Je moet wel je werk tonen aan het volk. Het moet niet op zolder blijven liggen, want daar hebben alleen de muizen baat bij.
Ik was geen bleke droeve poweet, die bijten bij voorbaat al in het stof. Het leven heeft mij aanvankelijk weinig weelde en geluk gegund, alhoewel ik uit een miljonairsfamilie kom. Ik was dertig toen het enkele jaren een beetje begon te lopen, maar toen kwam het ook bij bakken binnen en ging het er bij bakken weer uit. Ik heb van uit de collegaatjes en het kunst-

bestel, de overheid, de galeriewereld enorme tegenwerking gehad, dat kunnen pretentieuze, inhoudsloze mode kunstenaars en voormalige leerlingen van de Rijksakademie waaronder ik een aantal niet nader te noemen simpele collegaatjes schaar of failliete kunsthandelaren, zoals dat modieuze minkukel met zijn artistieke wanbeleid, die nog steeds zijn vinger in de dijk moet houden om rond te komen als rondvaartboot kapitein en elke dag hetzelfde rondje draait, helemaal niet begrijpen, hij exposeerde bij voorkeur rotsooi en tinnef, maar zo'n persoon is veroordeeld om na zijn terechte faillissement als timmerman, sjouwer of beurtschipper bij te beunen.

Zo krijgt iedereen zijn eigen Grote beurt en komt zichzelf vroeg of laat tegen!

Achter wiens kontje draai ik nou weer een rondje met hondje strontje denkt zo'n persoon?

Als je zo moet leven, gotsalmetruttenbollen…Ik heb altijd moeten knokken voor de plaats waar ik nu sta, die is mij door geen mens gegund, laat staan door de collegaatjes, behalve door mijn partner, maar dat spreekt van zelf, dat zou me helemaal wat moois wezen.

Dat is allemaal een geweldige training geweest die tegenwerking. Zo iets als Boot Camp. De commando structuur. Hmmm…heerlijk. Die sferen van dominantie en volgzaam heid. Lulboeien en tepelklemmen.De zweep. Een kwatta- of een koetjes reep. Ik kan daarmee mijn veertigjarig jubileum als kunstenaar dit jaar vieren.

Als U zin heeft…komt U even langs? Zweepfestijn! Het Kunstenaarschap met een grote K is een enorme luukse, die geen bestaanrecht heeft, dat beweren die stijle calvinisten altijd, maar zelf kunnen ze niks, behalve preken.

En met die luukse houd ik mij voort durend maar bezig. En een protesten uit de fundamentalisties gristelijke hoek! Niet te kort.

Ik krijg veel brieven van oprecht verontruste griffermeerde gristenmensen over mijn leven en werken en de enige weg die zij mij willen wijzen.

Soms ook bedreigingen met brandstichting en fysiek geweld op gristelijke basis. Het calvinisme is de oorzaak van wereld oorlogen, omdat ze de liefde prediken met de Bijbel in de ene en de M16 in de andere hand, dat is bekend. Kijk maar naar die Amerikanen. Die ethische principes komen allemaal uit de loop van een geweer. In wezen verkeren we in deze Westerse samenleving in een enorme crisis en een veel ernstiger toestand dan we ons realiseren; we moeten van uit de subsidie verlenende cultuur ambtenarij namelijk kunst over kunst maken.

Begrijpt U het? Ik niet!

En we moesten vooral vanuit de VVL maar eens schrijven over het schrijven om de schrijver achter de schrijver te kunnen ontdekken en daar weer de mens achter de mens, maar hoe kunnen we dat doen als de meeste kultuur dragers en verspreiders de koude des nachts en de hitte des daags of de grote schijtstorm niet over hun schamele leventjes en onbenullige produkten hebben voelen waaien?
En willen ze eigenlijk wel van harte de achterkant van het gelijk en de onderkant van de samenleving leren kennen? Dan heb ik het deze keer beslist niet over anale sex, want dat bewaar ik voor een volgende aflevering van deze feuilleton, begrijp mij niet verkeerd, alhoe wel dat ook heel leerzaam is voor wie nog niet weet heeft van hoe of wat in het beschaduwde disteldal van Achor tussen de achterwangen. Dark desires. Daar waar de zon nooit schijnt. Heel geurig ook voor de liefhebber c.q. liefhebster van anaal divertissement voor twee.
De goed ingevoerde Bijbel kenner weet waar ik op doel. De Heere Heere Himself behoede mij voor zogenaamde gezonde christelijk humanistiese kunst als dwingend opvoedingsmiddel voor de massa, zoals Christelijke organisaties dat willen, maar ik ben er tegen, want dat riekt naar Stalin en de grote A.H. uit WO II. Ik weet wat er aan de hand is op velerlei terreinen daar in de Haarlemmer Hout na tweeën (dan gaan we met zijn allen naar benejen) en ook wat onder dat soort mensen leeft. Voor mijn part leidt een boek of een schilderij tot regelrechte agressie op wereldschaal, misschien dat dan de kunst serieus wordt genomen of tot het totaal verzieken van het lekkere MTV gevoel. Maar vertel mij dan niet dat ik wel of niet kommersjeel moet wezen om mee te doen in het sirkwie, want dat

kenniknie en wil ik ook niet kennen. Ik kan mij dat permitteren omdat ik nu eenmaal een groot talent ben, hetgeen ik niet van de fijngriffermeerde kunstenaars kan zeggen, daar heb ik de BVKK (Bond Van Kristelijke Klootzakken) voor opgericht.

Bij die gasten breken de motieven als scherp gepunte rotsblokken door de niet echt grazige weiden heen, dwars door het dunne gras en de opperhuid van het bestaan.

Daarom draag ik bergschoenen met stalen neuzen om beter om me heen te kunnen schoppen.

Want hoe verloopt het artistieke proces? Eerst is er in je jonge jaren een enorme behoefte om vorm te geven aan wat in je leeft, woelt, worstelt en werkt. Om uit te spatten. Let it all hang out, girls.

De heroïese jaren dus. En maar graaien in andermans bloesje en slipje met je kalvinistiese klauwhamers tot je een tik op je vingers krijgt of een venerische ziekte van de wilde wieven.

Geeft allemaal niks, maar wel even snel naar de lullensmid. Twee spuiten in die ondeugende reet en U was weer fit in de Silver Sixties.

Laten we wel wezen. Maar je wordt vanzelf zonder enige moeite er voor te doen ouder en ouder tot het begint te kieren en te malen. Hopelijker onder tussen ook volwassener en uitgebalan ceerder. De kaarsen worden al aan het voeten einde ontstoken en een zwartjurk loopt te prevelen.

Share this:

FacebookLinkedInTumblrPinterestTwitterRedditGooglePress this

Gerelateerd

Ik had tot 1968 om die reden niet te vreten, want de grote stad is hard voor een inwoner die tien jaar is weg geweest uit de hoofdstad, dus ik heb van alles gedaan.

In "Zonder categorie"

FRED VAN DER WAL 1967. THE ARTIST AS A YOUNG MAN AT THE GALLERY 20 AMSTERDAM

In "Zonder categorie"

Mijn werk tentoonstellen in Friesland en Groningen bleek onmogelijk

In "Zonder categorie"

HUIDHONGER. TASTEN IN HET DUISTER. EEN TERREIN VERKENNING (DEEL 1)

maart 17, 2011

Een wereld vol valse prikkels. De tastzin als enig overgebleven zintuig in een wereld vol visuele leugens en bedrog.

Zelden kijk ik naar MTV of TMF. De luidruchtige, uit de VS overgewaaide ghetto noncultuur is mij wezensvreemd en ergert mij alleen maar.

De adoratie van een op het weblog figurerende psychologe voor Michael Jackson verwon derde mij en aldus zakte zij nog verder weg op mijn attentie waardeschaal op weg naar het absolute dieptepunt van 270 graden onder nul.

Wat valt er te verwachten van de dames en heren pssychologen met hun glijdende morele waardenschaal gebaseerd op sociologische gemiddelden. Ik heb er geen hoge pet van op.

Bovendien lijden zij doorgaans aan AA (Academische Arrogantie) en zijn meestal dommer dan ik zelf ben.

Terug naar de muziek. Toch heb ik veel bewondering voor de spontane Isis Nedloni die vrij en onverveerd op muziek een dansje maakt en plein publique als het weer 't toelaat en of het dan popmuziek is die uit luidsprekers aan de gevel van een winkelstraat zich opdringt of vlak voor een terras een draai orgel dat de driekuswals of de klompendans speelt; het maakt haar niet uit. Haar appreciatie van vele vormen van muziek is opmerkelijk.

De spontaniteit om deel te nemen aan dergelijke springprocessies mis ik zoals ik wel meer ontbeer.

Denkt U voorl niet in mij de ideale man te kunnen ervaren. De koppeling tussen muziek een motoriek is bij mij nooit tot stand gekomen. Ik heb zelfs een grote hekel aan dansen dat ik als een atavisme zie. Leuk voor de artyfarty fake artists van de Ruigoord commune.

Mijn spontaniteit om op de Boogie Woogie van de eerste LP van Rob Hoeke te dansen verdween abrupt na het uit raken van een jarenlange relatie met Alice D. in 1965.

Onlangs las ik een krantenartikel van elf jaar geleden dat ik ooit eens uit de krant heb gescheurd en als bewaarziek man in mijn veel te uitgebreide archief heb opgeslagen.

Het kranten artikel van maart 2000 snorkte dat het visuele tijdperk ten einde was. De aloude regel van eerst zien en dan geloven zou niet meer op gaan. De digitale beeld productie zou de waarheid manipuleren en onmerkbaar vervalsen.

Een waarheid als een koe sinds de uitvinding van de film. Ernstiger is de verkondiging van (im)morele waarden die de producenten van soaps en aanverwante series de kijker opdringt.

Mijn kleinzoon van zeven kijkt met genoegen naar suggestieve videoclips waarin mensen worden vermoord op de meest gruwelijke wijze. Moord als entertainment. De opvoeders van mijn kleinzoon zien het klaarblijkelijk niet als verwerpelijk, noch schatten zij de gevolgen in voor het op de video gepresenteerde mensbeeld voor later. De gevolgen zijn nu al zichtbaar.

De beeldmanipulatie zal zijn invloed hebben op de mate van vertrouwen op onze visuele waarneming. De suggestie van de videoclips van een wereld waarin niets vast staat en alles in een onderdeel van een seconde in het tegendeel kan veranderen is geen goed wereldbeeld. De massale vloed aan agresssieve beelden en geluiden is een stuk milieuvervuiling dat het opvoedings veld ongunstig beïnvloed. Horen en zien vergaat de kijker. De limiet van wat zonder schade kan worden opgenomen door eeen jong kind is al lang bereikt.

Is het met de smaak dan beter gesteld? Nee. Vergelijk de tomaat uit eigen tuin eens met de in plestik verpakte tomaten uit de supermarkt. Is het een genetisch gemanipuleerd product of op steenwol groot gegroeid? Wij weten het niet.

Geurstoffen. Toegevoegde waarde om de koper te verleiden. Enige tijd geleden schreef ik over het bespottelijk merk "parfum" Vulva Original, een flesje k*tlucht voor de liefhebber. Goedkoop was het niet, maar ook al kreeg ik het kado; ik kom er niet mee thuis. Geef mij maar het merk van YSL "Opium".

Horen, zien en geur blijken dus manipuleerbaar.

Over blijft de tastzin als enig betrouwbaar instrument om waar te nemen. Ik heb dat niet zelf bedacht.

De Duitse psychologe Dr. E. G. Bauer heeft het geconstateerd. Zij benoemt de tastzin als het zintuig waarover het minst bekend is. Haar toegankelijke boekje "Tastzin, het nieuwe zintuig?" is informatief. Zij verrichtte een studie naar de psychologie van de tastzin.

Even schoot mij zojuist een voorval uit de Heemsteedse Courant van begin jaren zestig te binnen.

Een klein artikeltje waarin gewaarschuwd werd voor de Anonieme Borstengrijper, een jongeman die rond Groenendaal gedreven door een niet te beteugelen tastzin veelvuldig zijn slag sloeg door van achter de bosjes onverhoeds te voorschijn te springen en passanten van de vrouwelijke kunne bij de borsten te pakken onder het uitroepen van: "Even koetje keuren!"

Ik denk niet dat hij een vegetariër was.

De laatste mogelijkheid voor de moderne mens om de zintuigelijke werkelijkheid te onder kennen is de tastzin.Aanraken is een synoniem voor zekerheid, geborgenheid en vertrouwen, zo lees ik in het artikel. Ik overdacht mijn eerste relatie met een dame toen ik , schuchtere, romantische jongeling die bij voorkeur bij maanlicht het zilverwit van de ruisende berken poweties verkondigde en bezong, grote moeite had met aanraking.

Een contact arme jeugd heeft klaarblijkelijk zijn sporen diep achter gelaten. Nu geloof ik in een groot leer- en aanpassingsvermogen van de mens, dus na maanden kwam alles toch nog goed, inclusief de bijbehorende kus, waar ik aanvankelijk niet echt het nut van in zag en veel liever een goed boek las of een korte golf ontvanger in elkaar soldeerde.

Nog steeds weiger ik ter begroeting de meeste dames drie of vier maal op de wang te kussen, waarschijnlijk omdat voor mij onbewust de kus wordt geassocieerd met sexualiteit. Is U dan een doorgewinterde droogkloot, meneer van der Wal, zult U mij willen vragen. Zo ver wil ik niet gaan, lieve lezer en –es.

Ik houd niet van introspectie.

Aanraken als plaatsvervangende zoektocht naar zekerheid, veiligheid en geborgenheid. Regressie, gresn verleggend waarnemen of sublimeren? Hier kan ik mij in vinden zonder er een oordeel over uit te spreken.De behoefte tot aanraking is een belangrijke bron van heilzame, psychische genezing. Het verrijkende, geruststellend gebaar geneest.

Tasten in het duister. Een merkwaardig TV dating programma waar ik niet langer dan drie minuten naar keek was een aflevering waarin elkaar onbekende mannen en vrouwen in het donker op de tast stap voor stap elkaar moesten verkennen als aan elkaar snuffelende hondjes met wat bijkomend vrijblijvend geblaf/gelul om te kijken of ze bij elkaar pasten. Cyberspace erotiek.

Hormoonvlees. Varkenspest en gekke koeienziekte zijn heel wat erger, dat geef ik toe.

(wordt vervolgd)

Share this:

FacebookLinkedInTumblrPinterestTwitterRedditGooglePress this

Gerelateerd

VERHALEN OCT. 2008-JUNI 2015 FRED VAN DER WAL OP WRITE(S)HISTORY

In "Zonder categorie"

OVERZICHT VK BLOGS FRED VAN DER WAL 7 JUNI 2006 - 20 AUG. 2011(DEEL 2)

In "Zonder categorie"

FRED VAN DER WAL VKBLOGS 20 FEBR. 2011-20 AUG. 2011. AS BUSY AS A BEE CAN BE!

maart 16, 2011

In "Geschiedenis"

Ik ben een non-kritiese paranowiede schizofreen, lijdend aan een totale VIP melt down en toch gelukkig...

IK BEN EEN NON-KRITIESE PARANOWIEDE SCHIZOFREEN, LIJDEND AAN EEN TOTALE VIP MELT DOWWN EN TOCH GELUKKIG...

Mijn spiegiese reactievat staat al lang in brand en de ravage is aanzienlijk. Het verklaart veel, doch niet alles. Tijd voor rapportage. Schets voor een voorlopige, inleidende verken ning en pre-evaluatie van ons onderzoek waarin vooronderstellingen en vermoedens weer eens bevestigd worden. Ik lijd niet aan AA (Academische Arrogantie) maar aan AAA. Nog veeel ernstiger. Hetgeen bedenkelijk is vanwege de identieke codering die ook op 1,5, Volt staafcellen betrekking heeft. Laagspanning. Beperkte stroom-sterkte.

De met AA bekende lezer en -es zal zich nu al na de eerste zinnen gaan afvragen wat AAA is.

Gefeliciteerd lezer en –es; nieuwsgierigheid is de bron van alle kennis. Ook U moet klein beginnen.

AAA is de afkorting van Artistieke Achterdochtige Arrogantie, waaardoor iedere ware artist met het hart op de verkeerde plaats geteisterd wordt en dat is mooi, heel mooi.

Ik zou niet anders willen want het is een vorm van uitermate effectieve communicatie.

Achterdocht behoedt menigeen voor misstappen.

Bij fine tuning des persoons als laatste stadium van het lopende band productie proces rinkelen de alarmbellen voor goed laag drempelig.

Ik ken ben binair gefocust en ken slechts twee attitude mogelijkheden; iemand is in mijn beperkt mensbeeld een nul of een één. Een afwijking? Welnee.

Een hanteerbaar model. Je hoeft nooit lang na te denken, want het is leuk of het is niet leuk. Leven als een blokgolf.

Op de kweekschool te Bloemendaal had ik geen moeite als electronica knutselaar met binair rekenen, dat ik trouwens zinvol vond, net als electriciteitsleer waar ik tien voor haalde, caloriemetrie een vier, om het vorige cijfer afdoende te compenseren, geprogrammeerde instructie had mijn belangstelling, maar hexadecimaal rekenen weer niet, een onderdeel van de verplichte rekentheorie die ik voor een onderwijzer in opleiding onzinnig vond.

Hoe het allemaal zo gekomen is? Ik voel mij gedwongen U het terstond mede te delen en niet langer de waaarheid in ongerechtigheid ondergedompeld te houden om wederom misverstand en op te roepen, die er niet om liegen.

Onderdompelen. Een machinatie die de grote schriftsteller Paulus verwerpt voor wie het NT enigszins kent, doch kennis van de HS op dit vlak mag ik niet verwachten bij het puur heidense Vkblog volkje.

Allemaal linkse rakkers, niet waar, die God en Gebod niet willen kennen of verwerpen, vervuld van groen linkse vroomheid, maar genoeg geluld. Ik moet U vertellen hoe het allemaal gekomen is want niets geschiedt zonder reden.

Enige tijd geleden, lieve lezer en –es, enige tijd geleden, verschenen op het Vkblog uit een mij volkomen onbekende hoek een drietal niet erg intelligente metablogjes vol onzinnigheden die tot doel hadden mij belachelijk te maken en een clubje medestanders te pleasen.

Hun goed recht, zult U opmerken als verlichte aanhanger van de in progressieve kringen algemeen geprezen schijntolerantie die zijn basis in onverschilligheid vindt.

Aanvankelijk haalde ik over de in de drie logs gepubliceerde nonsens mijn schouders op, maar besloot bij nader inzien de moderatie een half jaar later te vragen de weblogs te deleten.

Mijn verzoek werd niet ingewilligd. Ik publiceerde het eerste schandalige weblog uit de trilogie met in cursief gezette aantekeningen om één en ander te ontkrachten hetgeen in eerste instantie des middags toegestaan werd door de moderatie, maar later op de avond verboden.

Het kan verkeren zei de Grote Bredero en sprong op het wief.

Niet dat het mij veel verdriet doet, maar merkwaardig is deze omslag wel en hooguit te verklaren uit het feit dat de moderatie niet mijn grootste vriend ooit is geweest of zal worden. QED.

De drie weblogs bevestigden nog eens uitvoerig mijn vermoedens dat ik van een aantal webloggers weinig te verwachten had. Het maakt mij nog steeds niet echt veel uit. Wie op mensen bouwt doet dat op drijfzand zoals bekend.

Ik keek er niet echt van op toen een weblogger op een ander weblog zich voor deed als de dame die mij had beschreven als een idioot.

Enige tijd nam ik aan dat zij de auctor intellectualis was van een hetze tegen mij.

Ik had het mis in mijn AAA.

Het was een niet al te begaafd talentloos collegaatje die zich menigmaal van pseudo niemen bediende om anderen lastig te vallen met beuzelarijen, aandacht trekkerij en stalkgedrag.

Enkele dagen geleden voerde ik een korte maar alles verhelderende mail uitwisseling met een weblogger die ik om privacy gevoelige redenen niet met naam en toenaam hier vermeld.

Waarom zou ik?

Het is hier de Privé niet.

Geruime tijd had ik hem van AA (Academische Arrogantie) beschuldigd, omdat ik als eenvoudige, ongeletterde burgerkunstschilder een gezonde argwaan koester tav academici.

Door toevalligheden heb ik er een groot aantal van ontmoet en zelfs met één alfa uit Groning en twintig jaar regelmatig, schijnbaar vriendschappelijk, schriftelijk en mondeling contact gehouden o.a. door middel van over en weer bij elkaar over huis te komen tot de irritaties van twee decennia mij te veel werden en ik per brief in het jaar 1996 de connectie op heb gezegd met volledige instemming van mijn echtgenote.

Zoals ik in 1976 besloot de al of niet gesubsidieerde vertegenwoordigers van de beeldende kunst mijn huis uit te trappen, nam ik mij voor in 1996 specimen van de academische soort niet langer serieus te nemen.

In 1967 na enkele ontmoetingen met buitengewoon arrogante Amsterdamse auteurs (Heere Heeresma, Henk Romijn Meijer, Arie Visser, Fred Portegies-Zwart en Martin Hartkamp nam ik mijn besluit auteurs uit te sluiten van mijn kennissenkring.

Ik ben totaal niet opgewassen tegen gespeelde of gemeende arrogantie. Het maakt mij lichtelijk radeloos en bijkans handelings onbekwaam. In een nanoseconde switcht de blokgolfgenerator van 15, 4 V. naar 0.

Ik verkies de blokgolf boven de sinus omdat die met zijn curve mij te vriendelijk oogt.

Nooit heb ik beroepen op connecties in academische kringen zoals een laag- en ongeschoold collegaatje nog wel eens doet en dan ook door prof. Paul Cliteur e.a. hoog geleerde heren fijntje sterecht werd gewezen en op onbenulligheid aangesproken.

Hetgeen mij enige vreugde geeft hier in huis. Ik lach zodoende heel wat af en heb nog steeds veel plezier van mijn roze strippenkaart. U zult het mij toch wel gunnen?

De onlangs gevoerde mail uitwisseling met een hoog begaafde meneer uit een universiteits stad verraste mij in zijn mededeling dat hij indertijd de academische wereld was uitgestapt vanwege de daar heersende hautaine visie op de medemens en een uit die mensvisie voort vloeiende verwerpelijke wijze van handelen.

Enkele keren bekeek ik de wetenschappelijke publicaties van deze hoog begaafde weblogger en vermoedde dat hij moeiteloos een hoogleraar-status zou kunnen bekleden op basis van wat ik las, alhoewel ik inhoudelijk van de gepubliceerde artikelen nog steeds geen enkel idee heb waar het allemaal over gaat als eenvoudige burgerkunstschilder.

Niet dat het voor mijn welbevinden van belang is om te weten waar het over gaat, maar dat is weer een ander chapiter.

Mijn vroege zestiger jaren ideeën en nastreven van het encyclopdische wereldbeeld werd al in 1965 onderuit gehaald door de massieve informatie stromen die op gang kwamen in de literaire en kunstwereld door het zeer snel toenemen van publicaties. Het was niet meer te behappen.

Ik zal U een voorbeeld geven dat aan moet spreken. Een doctoraal student kunsthistorie vervaardigde een scriptie over een deelgebied van de zeventiende eeuw. Mijns inziens een afgegraasd gebied vol uitgemolken koeien. Deze student had echter grote belangstelling voor het surrealisme.

Mijn vraag was waarom hij daar zijn onderzoek niet op richtte. Hij vond de literatuur over het surrealisme zo omvangrijk dat het jaren zou kosten om er een goed zicht op te krijgen en de kunsthistorische literatuur over de zeventiende eeuw zo beperkt in omvang dat zijn onderwerp een makkie zou worden.

Gemakzucht dient de alfa student, dat is duidelijk.

In de mail uitwisseling met deze bèta wetenschapper bleek ik in tegenstelling tot wat ik verwachte op verrassende wijze overeenkomsten te zien van het wetenschappelijke veld met het beeldend kunstenaarsplantsoen wat betreft het manipuleren en najagen van carrières ten koste van alles en iedereen.

Het pleit voor het karakter van deze bèta wetenschapper dat hij daar niet in heeft kunnen en willen functioneren.

Mijn ervaringen in het bloemetjesperk van de kunsten heeft mij gezond achterdochtig gemaakt.

Soms ten onrechte, zoals bij de introductiemail aan de viendelijke drs. M. R. die mij behulpzaam was met het verschaffen van informatie vanuit het ICN over het Rijksbeleid tav verworven kunstschatten, dat tamelijk ondoorzichtig was voor mij. Informatie die ik nodig had om de voorturende aanvallen op mijn CV en tentoonstellingslijst door een mij niet welgezinde weblogger te kunnen pareren.

Ik vroeg dra. M.R. in een eerste mail uiterst geïrriteerd of ze bij het ICN met hun 81 medewerkers de hele dag uit het raam zaten te kijken nav drieduizend gestolen kunstwerken uit de rijkscollectie die het ICN beheert. Eén van mijn beste door een project groep van het Rijk aangekochte schilderijen is verdwenen en zal niet meer terug komen.

De mail uitwisseling met dra. M.R. resulteerde in het kado krijgen van een gepubliceerd promotie werkstuk over het rijksbeheer beeldende kunst 20-e eeuw.

Een afspraak om elkaar in nov. Jl. te treffen moest ik cancelen vanwege ernstige gezondheidsproblemen.

De afspraak is echter nu aanstaande. Ik ben wel zo verstandig plaats en tijd niet te vermelden vanwege stalkgedrag van een weinig aaangenaam collegaatje.

Ik ben met opgeheven hoofd het kunstenaarsplantsoen indertijd binnen gelopen en zonder tranen van berouw verlaten.

De tegenwerking is massaal en massief geweest. Een teleurgesteld mens, zegt U? Dat had U gedacht.

De pils gaat er in als pils en de blokken kaas als blokken kaas.

Wie niet kan tekenen wordt tekenleraar, wie niet kan schrijven leraar Nederlands.

De grootste onbenul die genoeg pilsjes weg gaf op Arti et Amicitiae en communist of pvda stemde in de jaren zestig "hoogleraar" aan de Rijks akademie te Amsterdam. Middelmaat die middelmaat opleidde en mij de maat denken te nemen.

In 1967 kwam ik als gast van de schilder Teun Nijkamp op een middag Arti binnen lopen. Het was niet druk in de sociëteit. Een heer in donker-blauw driedelig kwam met opgeblazen drankkop op ons toe lopen. De bekakt sprekende arrogante bal gehakt sprak ons aan:"Zag, jongens, als jullie nou de volgende keer als je hier binnen komt eerst eens de tafeltjes langs gaan om iedereen eerst eens een handje te geven en hier en daar een pisltje aanbieden, dan komt het met jullie vast nog wel goed! Misschien habben de heren trek in een pilsje op mijn rekening? Zonder pils gaat het niet in de kunst, heren, hahaha"

Ik sloeg het aanbod af en zei dat ik er niet over dacht om na binnenkomst handjes te gaan geven.

Teun volgde echter de raad van de man op.

Ik zei tegen hem: "Ben je nou helemaal besodommieterd? Je bent hier lid nota bene! Waar blijft je zelfrespect?"

Share this:

FacebookLinkedInTumblrPinterestTwitterRedditGooglePress this

Gerelateerd

Ik lijd niet aan AA (Academische Arrogantie) en ben toch gelukkig...

In "levenskunst"

JALOUSE VIP FRED VAN DER WAL

In "levenskunst"

SALLE PALATINE,COSNE,9 OCT. 2011,FRED VAN DER WAL

In "levenskunst"

MEVROJ! MIENEER! U PROBEERDE EEN BOEK TE SCHRIJVEN TOEN U NOG NIET KON LEZEN EN SCHRIJVEN? SJAPPO HOOR! (DEEL 3)

maart 15, 2011

Mevroj! Mieneer! U probeerde een boek te schrijven toen U nog niet kon lezen en schrijven? Sjappo hoor! (Deel 3)

De schoolkrant verscheen onder de naam De Koepel en mijn gedicht stond er in, geannoteerd met een scheld kritiek van Lodewijck van Deyssel.
Het verbaasde mij niet.
De redactie bestond uit drie inwoners van Haarlem: de latere producer van kinderfilms Burny Bos, de latere sociaal pedagoog Bernard Netelenbos en de gefrustreerde leraar Nederlands Mantel, die niet lang daarna van school werd gestuurd vanwege onoirbare hande lingen met een leerlinge. Ik besloot niet te reageren op de scheldkritiek. Het herhalen van een succesnummer als de scheldkritiek van Lodewijck van Deyssel vond ik toen al een zwaktebod van mensen zonder eigen mening, waar schoolmeesters historisch gezien in grossieren.
In enkele volgende nummers heb ik nog wat kleine gedichtjes laten zetten, maar zoals mij nu al heel lang bekend; I'm a lousy poet & I know it. Een artikel over een fundamentalistische dominee trok ik terug na een waarschuwing dat er bij het hoofdakte examen wel eens rekening mee zou kunnen worden gehouden en mijn slagingskansen geminimaliseerd werden met kritiek op een dominee.
Het was per slot van rekening een christelijke school en zoals wij allen weten worden daar de onmondige schapen gehoed met een ijzeren staf.
Zoals er ontelbare blues gitaristen en boogie woogie pianisten kwalitatief veel beter zijn dan onze Fred van der Wal, zo realiseerde ik mij dat de powezie niet voor mij was weg gelegd om op actieve wijze te bedrijven.
Graag wil ik wel vermelden dat het eerst gedicht van Hagar Peeters dat ik las in de Avenue mij bij bleef en besloot haar naam te onthouden. In 2004

citeerde ik enkele regels uit dat gedicht toen de fotograaf Rommert Boonstra bij ons thuis in Couloutre een vorkje mee prikte.

Boonstra kende het gedicht niet maar waardeerde het wel. Al snel ging mij de superioriteits waan en arrogantie van deze fotograaf mij ernstig storen, die al op de eerste middag in de tuin hoog op gaf over zijn artistieke prestaties en subsidies die hij ontving.

Mijn werk was uiteraard "het slechtste dat hij ooit had gezien" en "hij kon het weten" want hij was free lance recensent geweest bij Elseviers Magazine tussen 1973 en 1996 tot het gehele medewerkersbestand van Elseviers Magazine werd opgeschoond door de nieuwe hoofdredacteur Spoor en vervangen door ter zake deskundigen.

Een paar jaar geleden heb ik hier nog eens over gemaild met de hoofdredactie. Na enkele bezoeken over en weer mailde ik Boonstra en zijn echtgenote dat we elkaar maar niet meer moesten zien.

Bepaald een hekel aan haar had ik niet en eigenlijk mocht ik haar ook wel. De afspraak die zij met mijn echtgenote maakte op en Brocante markt om nog eens langs te gaan bij Maison l'Ermitage en alles te bespreken kwam zij niet na.

In 1954 hield het Vossiusgymnasium de jaarlijkse tentoonstelling van creatieve producten, gemaakt door de leerlingen. Ik was twaalf jaar oud en zat in de eerste klas.

Avonden lang had ik geduldig zitten penselen op een gouache met als voorstelling Het Leven Der Visssen In De Diepzee. Niet dat ik er ooit geweest was, maar een plaat uit een encyclopedie hielp mij aardig op weg. Eigenlijk was deelname aan de tentoonstelling ook niet bedoeld voor leerlingen die in de eerste klas zaten.

De jeugdige organisator van de expositie was bereid voor mij een uitzondering te maken.

Hoe hij er uit zag weet ik niet meer. Door mijn zenuwachtigheid en angst voor autoriteiten verwachtte ik nul op het rekest te krijgen. Misschien heb ik gezegd: Ik zit pas in de eerste klas maar mag ik misschien ook mee doen? Het was goed. Voor deze keer dan. De gouache waar de goedkope verf al van af bladderde werd op een grote stapel gegooid. De dag van de expositie gingen mijn oma en tante, waar ik in huis was, mee. Binnen gekomen in het klaslokaal keek ik mijn ogen uit. Een jongen uit de hoogste klas had een korte golf ontvanger gebouwd waarmee het vliegverkeer kon worden beluisterd.

Een andere scholier had een op radiobuizen gebaseerde tijdschakelaar in elkaar gezet die toen de grootte van een schoenendoos had en nu niet omvangrijker dan enkele vierkante centimeters inclusief miniatuur potentiometer zou zijn.

Een voorzet FM apparaat dat toen vijfentwintig gulden kostte liet mij via een Philipsontvanger waar in het front een klein kathodestraalbuisje dat kattenoog werd genoemd de toeschouwer argwanend leek te bekijken. Via de luidspreker hoorde ik hoe veel rijker muziek via frekwentie modulatie in het laagfrekwent gebied was te beluisteren.

Je was als muziekliefhebber voor goed verloren voor de gangbare midden golf kwaliteit die slechts tot een vier- vijf duizend hertz ging compleet met gekraak van atmosferische storingen.

Mijn oma vroeg waarom mijn gouache niet was opgehangen.

"Och, mevrouw, als we al die rommel hadden moeten ophangen waren we morgen nog niet klaar geweest. We tentoonstellen alleen de top producten van onze leerlingen!"

De hele weg naar huis heeft mijn oma mij ingepeperd dat het mijn eigen schuld was.

"Ben je soms gek geworden? Wat heb jij je eigenlijk verbeeld? Je telt toch nergens mee? Jij zult nooit iets bereiken!"

Zo ging mijn oma te keer. Ik heb er geen traan om gelaten. De klappen en schimpscheuten hebben mij nooit gedeerd in het huis mijner opvoeders die in de negentiende eeuw rond 1880 geboren waren. Mijn zuster is er aan onder door gegaan, mijn broer ook. Ik heb het overleefd en meer dan dat.

(wordt vervolgd)

Share this:

FacebookLinkedInTumblrPinterestTwitterRedditGooglePress this

Gerelateerd

Mevroj! Mieneer! U probeerde al reeds een boek te schrijven toen U nog niet kon lezen en schrijven? Sjappo hoor! (Deel 2)

In "Zonder categorie"

Mevroj! Mieneer! U probeerde een boek te schrijven en het wil niet lukken?

In "Zonder categorie"

OVERZICHT VK BLOGS FRED VAN DER WAL 7 JUNI 2006 - 20 AUG. 2011(DEEL 2)

In "Zonder categorie"

ONBENULLIGE, WELTFREMDE LEUTE, DREIGEN REGEL-MATIG MET PROCESSEN, HAHAHA!

maart 11, 2011

Tags: fred van der wal bedreigd door onnozelen en lafhartigen

Onbenullige, doorgaans wereldvreemde lieden bedreigen mij sinds 1972 met "juridische proccedures"

SINDS 1972 BEDREIGT MEN MIJ VAN UIT HET KUNSTENAARS-PLANTSOEN REGELMATIG MET JURIDISCHE PROCEDURES. IK BLIJF LACHEN!

Homerisch zelfs!

Sinds 1972 is Fred van der Wal regelmatig door kunstverzamelaaars, galeriehouders en neurotische en/of psychotische kunstartiestjes met een status van nul komma nul bedreigd met o.a. aangiften bij de "de politics" waarbij zij op lachwekkende wijze honderduizenden euros en vroeger - NOG VOOR DE KREDIET KRISIS- miljoenen guldens eisen wegens aan tasting van eer en goede naam, zoals onlangs nog door een kladschilder met slechts één been uit Sint Annaparochie en regelmatig een overspannen artistiek wanproduct uit het Zuiden des lands die van Ma elke dag een tientje krijgt om naar de kroeg te gaan zo lang ie maar niet aan haar kop zeurt.

Enkele webloggers en weblogsters meenden een paar maanden geleden zelfs aan klachten in te kunnen dienen vanwege verondersteld racisme en weer een andere juffrouw dacht er over om mij te betichten van aanzetten tot kindermisbruik nadat ik een foto van mijzelf met een plestik babypop in mijn mond had gepubliceerd.

Ik wenste ze zonder uitzondering veel succes met hun op te starten procedures. Dat zijn dan mensen die geen cent te makken hebben, vaak beroepswerkeloos en de hele dag niets omhanden hebben, behalve de cheque van de sociale dienst van de deurmat te pakken en dan zijn ze na afloop toch moe!

DE TYPISCH NEDERLANDSE KLAAG- EN KLIEM CULTUUR HOORT BIJ EEN VOLKJE DAT BIJ VOORKEUR JAMMERT EN ZICH HET GEWETEN VAN DE WERELD WAANT

EEN TYPERENDE PVDA MENTALITEIT

De echtgenote van de grootste koper van Galerie Mokum dreigde u in 1973 met een proces wegens smaad?

Jahahaha. Het was zo mooi. Die mevrouw, Anneke van B., een D'66 aanhangster, die wel eens oppaste in de galerie als de eigenaresse weg was, belde mij toen op.
Volkomen overspannen.
Ik had een drukwerkje met een conceptuele tekst gepubliceerd en verzonden aan belanghebbenden.
Mevrouw was het er niet mee eens. Ach, waar hebben we het over.
Typisch zo'n vrouwtje van een academicus die haar status denkt te ontlenen aan haar man maar zelf een en al onbenul is achter de aard-appelen of in een afgezakte behahaha achter het stuur van een zeilbootje voort dobbert om de dag door te komen want anders heeft mevrouw ook niet om handen.
Ik vind dat allemaal als vrij- en ruim denkende artiest die in zijn biotoop altijd het ruime sop kiest zo verachtelijk, dat ik er verdder geen woorden aaan vuil maak.
Dat was toen nog ongehoord onder die realistiese schilders die nooit iets publiceerden, om statements rond te sturen. Ze konden nauwelijks schrij-ven. Spel- en stijlfouten; het kenmerk van de subsidie vretende kunstchil dertjes, die van hun wijf vreten. Krijgen een tientje per dag, zo lang ze maaar oprotten. Ik noem ze altijd kut bikkers.

Aan de ene kant van de kaart waar die mevrouw zich zo druk over maakte had ik laten zetten: The surrealistic painters painted surrealistic, because they could (or they could n't) paint too well.En aan de andere zijde stond: The Mokum Gallery painters paint (sur) realistic, because they can't paint too well. Het was een statement dat niemand van die Galerie Mokum schilders had kunnen bedenken, die jongens zijn zoals de meeste van die potjes en pannetjes schilders veel te dom.

Ik ken eigenlijk geen een kunstartiest die meer hersens heeft dan een pissebed.

Ze sloegen er letterlijk van achter over, toen ze de teksten met veel moeite en met behulp van een woordenboek hadden vertaald.

Ze begrepen die inhoud niet helemaal maar toch voldoende om te snappen dat ze er niet zo best af kwamen. Dankzij hun gebrekkige scholing konden ze het niet eens uit het hoofd memoreren!

Die mevrouw Anneke , trotse eigenaresse van vijf van mijn beste werken dreigde toen met juridiese maatregelen en repte van een miljoenen claim net zoals een andere psychisch gestoorde sukkel onlangs een ton wilde eisen van mij.

Ik lachte haar vier kant uit en belde Rik van der Mey van Arti even op om advies, hij studeerde rechten en was mij goed gezind.

Ik was voor niemand bang. Nu nog niet! Rik van der Mey beheerde het miljoenenbezit van Arti op een voorbeeldige wijze, hetgeen niet van al zijn opvolgers gezegd kan worden.

Wat was uw antwoord daar op?

Dat ze vooral haar gang moest gaan want dat zou me heel wat publiciteit opleveren. Dan doe ik het maar niet, antwoordde ze.

Die ex-mulo leerling Rob Jurka van de gelijknamige galerie belde mij toen op met de onterechte opmerking dat het woord surrealistic niet bestaat.

Jurka was en is waar schijnlijk nog steeds een in het verleden veel belo-vende kunsthandelaar in ruste maar totaal niet op de hoogte van tiepies Amerikaanse uitdrukkingen ondanks zijn abonnement op Studio en Art International dat hij met een prisma woordenboek zat uit te spellen. Ik had met opzet het woord surrealistic gebruikt naar analogie van de titel op de hoestekst van de L.P. Surrealistic Pillow van de Amerikaanse Under-

ground groep Jefferson Air Plane met die prachtige zangeres Grace Slick, een popzangeres toegankelijk voor iedere langharige jofele pik.
Zij kende zelf geen schaamte, maar elke groupie die zijn lul kermis wilde laten vieren maakte wel kennis met haar schaamte.
Het is waar dat de Engelse uitdrukking daarentegen Surrealist Art is. Ik vond die Rob Jurka trouwens altijd heel surrealistic praten met die een oktaaf te hoog gestemde, vals overslaande surrealistische falset nichten-stem, dat later is overgenomen door Paul Haenen, zo'n rare, mieterige kopstem die kastratenzangers wel hanteren dat was mode onder de vrouwelijk ingestelde homootjes in die tijd.

In de AVRO studio bekeek ik in gezelschap van Chris van Geest eens een VPRO pr gramma dat over zijn werk was gemaakt met krukkige animaties er in gemonteerd-dat was toen nog nieuw- en daar had ik geen al te posi-tief commentaar op, dus die producer Haenen, een of andere nicht, begon vals te sissen en te sputteren, die sprak vreselijk met consumptie.

Echt van die typerende VPRO manieren. Tegenwoordig schijnt men weer normaal te praten in het homoseksjuwelen sirkwie. Een hele opluchting. Daarom ben ik ook zo blij dat de bekendste Weblogster Isis Nedloni zeer beschaafd Nederlands spreekt in zoet gevooisde klanken en wel zonder consumptie. Nee, als ik daar over begin…

En verder, meneer van de Wallen? Waar begint U dan over?

Verder is het gewoon van als ze me roepen, dan ben ik poepen en as ze me missen dan ben ik pissen. Let it all hang out in the open when the saints are marching in, is mijn devies en trek de zipper omlaag. Standje vurruk kulluk. Gewoon in de plantenbak voor café Wouters mijn dolfijn even uitlaten.

Share this:

FacebookLinkedInTumblrPinterestTwitterRedditGooglePress this

Gerelateerd

ONBENULLIGE, WELTFREMDE LEUTE, DREIGEN REGELMATIG
MET PROCESSEN, HAHAHA!

In "Zonder categorie"

2010 FRED VAN DER WAL HUIZE MISJA VAN DER WAL ONDER
FOTO MISJA/FRED VAN DER WAL 1972

In "Zonder categorie"

FRED VAN DER WAL BEDREIGD DOOR COLLEGA, GARIJP 1985

In "Zonder categorie"

From → schilderkunst

4 reacties

fredvanderwal permalink

Meneer Fred van der Wal

Uw strijd in de jungle van het onbegrip, daar hebben wij alle begrip voor!

Motek from Space permalink

Ha Fred...herinner je je Age Hartsuiker nog uit Jubbega? Intussen
Wethouder namens GemeenteBelangen Heerenveen.
Ik heb intussen m'n eerste aangifte binnen van één van hun fractieleden,
op persoonlijke titel, kan je lezen in m'n blog)s0 want ik tracht al een
tijdje te communiceren met deze partij. En dat hielden we dus even mooi
bij □

Verworden tot een Heerenveense soap. Tsja…stofjes uit Friesland waaien óp..

fredvanderwal permalink

Hallo Motek

Ik ken de naam maar niet de persoon omdat ik in Friesland mij niet bemoei met de collegaatjes dat levert alleen maar gedoe op en daar heb ik het gewoon te druk voor.

Vind je het niet vervelend dat er een aangifte tegen je loopt?

KUNSTARTIEST BOKITO VERLIEST WEER EENS EEN DIS-
CUSSIE MET FRED VAN DER WAL

maart 8, 2011

Fred van der Wal 07-03-2011 09:01

In 1967 trof ik Willink in het antiquariaat De Kring, Nieuwe Spiegelstraat
46.
We discussieerden over de schildertrant van een saai doosnee impressionistisch schilderij,dat slechts in één laag geschilderd was waardoor het een
vlakke indruk maakte.
Willink zei iets van: Ach, zo deden ze dat in die tijd. Ik vond dat die tijd
dan niet deugde. Ik woonde op twee hoog in de Nieuwe Spiegelstraaat en
zag Willink in de namiddag vaak wandelen met zijn vriendin Mathilde.
Zij waren beide gekleed in een onopvallende Engelse stijl.
Een paar jaar later ging het paar over tot het dragen van extravagante
kleding. Het was een wandelend anachronisme om Willink te zien in een
hippe Carnaby stijl bloese en een strakke hippie broek.
De dure, barokke jurken van Fong Leng, die Mathilde Willink droeg,
waren qua design voort geborduurd op de flower power zestiger jaren
ontwerpen van Marijke Koger (The hippest chick in town 1963) en Josje
Leeger van The Fool.

Incidenteel mail ik nog wel eens met Marijke Koger die nu al weer 43 jaar
in LA woont met haar echtgenoot. Onlangs mocht ik haar een Parijse Art
Agency aanbevelen waar ik zelf niet mee ga werken.

Willink schuwde niet bepaald de publiciteit en gaf uitgebreide interviews
o.a. aan Panorama.

Minder bekend is dat Willink zoals zo veel schilders uit het realistissche
genre van fotos schilderde. Zijn belichte films bracht hij weg naaar een
fotowinkel op de Spiegelgracht waar ik regelmatig kwam en op vertrouwelijke voet stond met de eigenaar van de zaak. Hij vertelde mij dat Wil-

link geen verdere publiciteit aan wilde verlenen dat hij fotos gebruikte. Ik hield dus ook mijn mond.

Enkele malen heb ik mijn werk op groepstentoonstellingen van realisten naast Willink en Pyke Koch mogen tentoonstellen, hetgeen weinig schilders mij na kunnen zeggen.

In 1976 was Mathilde aanwezig bij een opening van mijn tentoonstelling bij Galerie Bouma in de Runstraat, Amsterdam. Ik was gekleed in een driedelig streepjespak met bolhoed en zwarte paraplu tot afschuw van het in jeans geklede morsige publiek in post-provo kleding met het obligate pakkie sjek uit de kont- of borstzak, ronde Sjon lennonbrilletjes en Frank Zappa sikken.
Not my cup of tea.
Mathilde gedroeg zich zo onwelvoeglijk en exhibitionistisch tov mij om mijn aandacht te trekken dat ik mij van haar af keerde. Ik houd er niet van op openingen van tentoonstellingen het midddelpunt van het gezelschap te zijn of opvallend mij te gedragen.daarbij kwam ook nog dat zij zich bemoeide met de coke maffia een als ik ergens een hekel aan heb is het aan de drugs sien.
In Amsterdam te vaak daar de gevolgen van gezien in de zestiger en zeventiger jaren.
Nu zal er wel weer op het VKblog een of andere kunstschilder zijn die Mathilde zogenaamd gekend heeft en onder haar staart gekeken bij het kuikens sexen, net zoals hij de overleden miskende poweet Arie Visser heeft "gekend en samen aan de horse en naar de hoeren is geweest".
Deze zestiger uit Limburg die dat beweert MET ZIJN VETTE PENS liegt dat hij barst.
Mijn collega Teun Nijkamp drong zich op aan Willink en dacht daarmeee de nodige faam te verwerven.
Dat is niet gelukt. Hij beweerde in 1967 binnen 10 jaar in een kasteeltje aan de Loire te wonen, maar woont nu al jaren in een Zeeuws dorpje en werd voorzitter van de Zeeuwse provinciale kunstenaars vereniging, een gezelschap w aarin geen talenten vertegenwoordigd zijn.

En Fred van der Wal woont wel in een Grande Maison. Ja hoor, U raaadt het al: niet ver van de Loire!

View 07-03-2011 09:38

@ Fred,

Zeer lezenswaardig. Ik had met opzet de Mathilde-story achterwege gelaten om meer aandacht te kunnen besteden aan Willink's werk. Je anekdotische relaas heeft me vermaakt, alsook het gegeven dat je in die kleding (bolhoed e.d.) niet in het middelpunt van de belangstelling wilde staan....:-)

View 07-03-2011 09:39

@ Aad,

Het is wel zo dat ik altijd door zijn werken geboeid wordt. Gisteren nog langdurig naar "Simon, de pilaarheilige" gekeken, in de beklemmende sfeer van voor de 2e WO.

Maar toch roep hij bij mij meer kilte op dan appreciatie.

Zelfstandig journalist 07-03-2011 09:42

Helaas kan ik niet zo'n uitgebreide reactie geven als Fred. Blog gelezen en gewaardeerd.

Robbie Kruzdlo 07-03-2011 12:40

Mooi blog, helder en zonder geklets. Ja...ik heb Mathilde gekend en als je niet drinkt of drugs gebruikt zie je natuurlijk niets...dan zijn het alleen praatjes. Mathilde en haar vriendje de maffia/koning van de drugs, die heb ik ook gekend.
Mensen die netjes thuis zaten en nu beginnen te raaskallen weten van niets … Ze doen net of ze DE chroniqueurs zijn van Amsterdam....

Fred van der Wal 07-03-2011 13:28

Meneer opinie

Willinks buurman heb ik goed gekend, de schilder Hans Engelman, die water en vuur was met Willink omdat laatst genoemde succes had en Engelman niet.
De kunsthandelaren kwamen van uit Amerika over om Willink te vragen een tentoonstelling te verzorgen. Dan vertelde W. dat hij drie schilderijen per jaar maakte, één voor de belastingen, één ter verkoop en één om de rekeningen van Fong Leng te kunnen betalen.
De opvolgster van Fong Leng Sylvia Quiel, door Hans Engelman, die domme kikkerkop genoemd, heb ik eens getroffen op het inlever adres BKR Amsterdam in de Lutmastraat toen ze nog van de steun vrat en van uit de hoogte het personeel van het inlever adres behandelde waarop ik haar aan sprak of ze een toontje lager wilde zingen.
Krudzlo kwam helemaal niet in het plaatje te pas, dat zijn weer eens de zoveelste verzinsels van een collegaatje van de zoveelste garnituur.
Persoonlijk ging ik liever niet om met drugs tuig en aanverwanten. Daar ben ik veel te sjiek voor.

Robbie Kruzdlo 07-03-2011 14:22

Hans Engelman broer van de dichter Engelman heb ik gekend. Ik heb jaren met de zoon Pieter Engelman samen gewoond en…, heel veel gezopen. Hans was op een andere manier beroemd: Frankrijk en Berlijn waar hij hoogleraar was.
Hans moest niets hebben van Fred van der Wal die in Haarlem al niet geliefd was. (broer idem) Mijn vrouw komt uit Haarlem ik weet er alles van. Sjieken (!) mensen weten minder dan mensen uit de NACHT of uit de goot. Als lid van Arti heb ik mijn oor goed te luisteren gelegd…. Ik hield ook niet van de exposities aldaar en vooral niet van wormen-teke-ningen: de dood riepen wij als studenten. Och laat hem maar kwaken zo

als ie is. Hij weet uit eindelijk NIETS van mij. Alaaf...alaaf...alaaf...Heb je mij blog al gelezen?

meneer_opinie 07-03-2011 14:45

Fred en Rob, het zal mij worst wezen wie jullie wel of niet goed gekend hebben en met wie jullie al of niet veel gezopen hebben, het gaat hier toch over Willink?

Al dit 'names-dropping' vind ik maar een zielige vertoning van twee mannen die meer bereikt hebben dan 'Willink's buurman/partner/concurrent gekend hebben'.

Of misschien toch niet ? ◻

Fred van der Wal 07-03-2011 14:57

Hans Engelman was nooit beroemd en al helemaal geen hoogleraar in Frankrijk noch in Berlijn, maar was tekenleraar aan de Tilburgse leergangen.

Engelman was de enige normale collega in het ateliergebouw aan de Nassaustraat, de rest zat als doorsnee contraprestatie trekker te niksen, uit het raaam te kijken, aan zijn lul te trekken, te snuiven, te prikken, hasj te roken of misdroeg zich op andere wijze.

Ik zag Engelman bijna dagelijks en kwam bij hem over huis.Wat kan een slecht geinformeerd collegaatje zich toch vergissen.Uit Haarlem komt niets bijzonders op artistiek gebied.

Fred van der Wal 07-03-2011 15:01

Meneer opinie

Ik heb U niet mede gedeeld dat ik met wie dan ook `gezopen`heb zoals wellicht Uw gewoonte is.
Ik vertel U gewoon wat te checken valt, niets meer.
Ik kan er weinig aan doen dat U of meneer Krudzlo geen gelijke ervaringen als ik heb opgedaan als buiten gewoon begaafde en hoog intelligente, breed ontwikkelde raskunstenaar, maar verschil van stand moet er toch wezen, weet U.

meneer_opinie 07-03-2011 15:14

@ Fred: Wie is die buitengewoon begaafde en hoog intelligente breed ontwikkelde ras kunstenaar waar je het over hebt?

Karel Appel misschien?

Of wijlen Mondriaan?

Want uit jouw reacties hier blijkt toch dat je niet meer dan een provinciaal, wat dommig, benepen en vooral vreselijk jaloers kunstenmakertje bent.

freddy freeloader 07-03-2011 17:24

Leuke spin-off heeft dit blog…ga zo door heren.
Ik zal het maar eerlijk zeggen: ik heb Willink niet gekend. Dat bovenstaande schilderij, 'rustende dryade', zag ik eens in het echt en viel me tegen. Het model zag eruit of het erop geplakt zat.
Als mensen zeggen: knap geschilderd' vind ik dat meestal geen goed teken. Het blijft vaak een constructie, het wordt niet meeslepend.
Nooit eens een toevalstreffer of een rare plek, iedere vierkante centimeter bevochten. Je krijgt geen gelegenheid de techniek te vergeten.
De dreigende luchten en het verweerde marmer op zijn schilderijen vind ik wel weer goed getroffen.

Robbie Kruzdlo 07-03-2011 17:40

Dank meneer …

meneer_opinie 07-03-2011 15:14

@ Fred: WIe is die buitengewoon begaafde en hoog intelligente breed ontwikkelde ras kunstenaar waar je het over hebt?
Karel Appel misschien?
Of wijlen Mondriaan?
Want uit jouw reacties hier blijkt toch dat je niet meer dan een provinciaal, wat dommig, benepen en vooral vreselijk jaloers kunstenmakertje bent. Er komt nog iets bij. Meneer Fred zoekt alles over mij uit, belt het hele land af of ik ditje-datje hebt gedaan. Nu een ras-kunstenaar zou dit nooit doen. De Mevrouw uit Amsterdam heeft mij verzekerd dat FRED VAN DER WAL een kunstenaar is die als een bloedzuiger leeft van andermans leven. Zelf is hij niets

1. Zoek uit F. wie de dichter Engelman was

2. Zoekt uit of bel de Kunst Academie in Berlijn…want daar geil je op, wie Hans Engelman was

3. Zoek uit of hij een zoon had die Pieter Engelman heet,

4. Zoek uit of ik niet echt lid ben geweest van Arti….etc etc

Je slaat de plank volkomen mis en je hebt niets door geniale bh drager.

In Maastricht hadden ze jouw allang aan het Moorswief gehangen…

Fred van der Wal 07-03-2011 18:09

Je kletst weer eens uit je nek Krudzlo,

Hans Engelman was leraar aan de Tilburgse academie

en had een atelier in de tweede Nasssaustraat

hij bezocht P cafes en de ordinaire kroeg van Jan Heuvel bij mij in de Nieuwe Spiegelstraat

genoeg over te vinden op Google over Hans Engelman

Hans beroemd

laat me niet lachen

soms ging ik met hem mee op kroeg bezoek

Hans Engelman had geen zoon die Pieter heette

zijn vrouw Jutta gaf les aan de Rijksakademie

Volgens de mail die ik van Arti ontving en waar je een kopie van hebt gekregen was je geen lid van Arti

ik ben dat sinds 1972 wel en kwam er drie vier keer per week om daar te eten met mijn gezin

en mijn werk te exposeren

collegae te treffen

of galerie eigenaren mee te borrelen

verleden week nog leuk staan te praten met Vaarzon Morel

ik heb je daar op Arti nooit gezien of over je gehoord

De mevrouw uit Amsterdam, dat is nieuw, daar heb ik nog nooit van gehoord.

Ik heb wel een afspraaak binnenkort met een doctoranda kunsthistorie in Amsterdam maar dat ga ik jou niet aan je neus hangen.

U vergist zich dat ik het hele land af bel of mail.

U interesseert mij namelijk niet. Ik bedien me nu eenmaal niet van uw middelen. Ik ga uitsluitend om met kunstenaars die ik waardeer en zeer goed in hun werk zijn.

Fred van der Wal 07-03-2011 18:12

Freeloader

Zoals wel vaker bij kunstenaars het geval is ging Willink de laatste jaren slechter schilderen. Jammer. In 1967 kon je een Willink kopen voor 15000 gulden in 1972 voor 100000 gulden.

Drs. Loek Brons, de kunsthandelaar die mij jaren geleden beschuldigde van de diefstal van meer dan dertig werken van Henk Helmantel, dreef de prijs voor een Willink op tot 750000 gulden

Ik vind dat wel terecht.

Uw laatste zin die refereert aan een folkloristisch gebruik onder carnavalsvierders laat ik geheel aan U over, net zoals de Driekuswals en de klompendans.

Fred van der Wal 07-03-2011 18:19

Freddy Freeloader

Daar zeg je iets typerends: De dreigende luchten en het verweerde marmer op zijn schilderijen vind ik wel weer goed getroffen.Ik zeg daar op Het was Willinks handelsmerk geworden en als zodanig een truc. De Zeeuwse dorpsschilder Teun Nijkamp heeft geprobeerd zich aan Willink op te dringen. Hetgeen niet bepaald gelukt is. Eerst probeeerde hij het bij Pyke

Koch, maar die moest vanwege zijn fascistische sympathieen niets van een niet Europeaan hebben, die hield meer van blonde jongens met blauwe ogen. Nijkamp betitelde zichzelf graag als een blauwe of ook wel pelopper, zoals hij mij in 1967 koket mede deelde.

freddy freeloader 07-03-2011 18:34

@Fred van der Wal.

==Uw laatste zin die refereert aan een folkloristisch gebruik onder carnavalsvierders laat ik geheel aan U over, net zoals de Driekuswals en de klompendans.

Je bedoelt zeker dit: 'In Maastricht hadden ze jouw allang aan het Moorswief gehangen… '

Hallo! Ik ben Krudzlo niet hoor.

Robbie Kruzdlo 07-03-2011 18:46

Fredje…ga maar lekker door. Je weet niets over mij…Je haalt er alles bij. Issis schreef al, je schrijft als een druipende verwaande schilders kwast…-pollok

http://www.google.com/imgres?imgurl=h…

Mooswief…www.mestreechtersteerke.nl/pag…

Robbie Kruzdlo 07-03-2011 18:48

En ga nu eens lekker eten….Bokito

Robbie Kruzdlo 07-03-2011 18:52

@ Fredje:

U vergist zich dat ik het hele land af bel of mail, krudzlo. U interesseert mij namelijk niet. Ik bedien me nu eenmaal niet van Uw middelen. Ik ga uitsluitend om met kunstenaars die ik waardeer en zeer goed in hun werk zijn. Hij heeft er maar druk mee:

ARTIEST KRUZDLO NOOIT LID GEWEEST VAN ARTI ET AMICI-
TIAE – Nieuws …11 feb 2011 … ARTIEST KRUZDLO NOOIT LID
GEWEEST VAN ARTI ET AMICITIAE.

http://www.ekudos.nl/…/artiest_kruzdlo_nooit_lid_geweest_van_arti_et_
amicitiae – In cache

och och meneer Fredje ga toch een leuke tekening maken en laat mij met rust….

Fred van der Wal 07-03-2011 21:10

Freddy Freeloader

Inderdaad was die zin niet voor jou bedoeld. Ik had er een andere naam bij moeten zetten. Affijn, foutje.

Fred van der Wal 07-03-2011 21:15

Graag wil ik nog even een reactie van Francois vermelden die veel zeg-gend is en daarmee de off topic serie reacties maar afsluiten:

François zegt: 13 februari 2011 om 14:50

Krudzlo heeft met zijn agressiviteit een naam opgebouwd bij diverse mensen van het VK-weblog.
Ik heb deze jonge man in het verleden geen strobreed in de weg gelegd, integendeel. Vragen over Duitsers in Zeeland vlak na de oorlog voor zijn onderzoek e.d. heb ik welwillend beantwoord, op zijn blogs reageerde ik nauwelijks. Geen reden dus om vijandelijkheden te beginnen en toen was het er toch, plotseling en zonder enige aanwijsbare oorzaak.

Vreemd genoeg kwam ik er pas achter toen ik hem aan mijn favorietenlijst had toegevoegd (jawel) en daar bij de instellingen kon zien dat hij mijn foto's systematisch aan het afbevelen was zonder commentaar.

Toen ik hem naar het hoe en waarom vroeg kreeg ik een lange reeks van ontkenningen, ontwijkingen en regelrechte leugens te verwerken. Naderhand kwam zijn familie er zich ook nog eens mee bemoeien en betichtte mij onder meer van het maken van psychiatrische kunst (een ere-titel)

Omdat er met vriendlief geen land te bezeilen viel en hij zich steeds meer aanmatigend en agressief ging gedragen heb ik hem vervolgens een paar keer de oren gewassen en nou is hij boos.

De enige reden voor zijn ongepast gedrag die ik me kan bedenken is dat ik positief op het werk van Fred van der Wal reageerde. K moet iets in de trant hebben gedacht van: "de vrienden van mijn vijanden zijn dus ook mijn vijanden" en opende daarmee automatisch de vijandelijkheden.

Dom.

Hij zit er nu mee. Niet ik

Klaverblad 07-03-2011 23:03

Ik heb er kennis van genomen….Tussen Friesland en Limburg moet ergens een glas gedronken kunnen worden…

Fred van der Wal 07-03-2011 23:23

Maar niet met een collegaatje uit het zuiden des lands

Gerelateerd

FRED VAN DER WAL STRIJDBARE ANARCHO ECO FEMINISTI-CO UNDERGROUND ARTIST REVISITED. PHOTO 2004, COSNE

In "Zonder categorie"

☐VERMELDINGEN FRED VAN DER WAL OP YASNI
WERELDWIJD

In "Zonder categorie"

FRED VAN DER WAL SPOORT NIET HELEMAAL

In "Beeldende kunst"

OVER KUNSTSCHILDER CAREL WILLINK

maart 7, 2011

In 1967 trof ik Willink in het antiquariaat De Kring, Nieuwe Spiegelstraat 46. We discussieerden over de schildertrant van een saai doorsnee impressionistisch schilderij, dat slechts in één laag geschilderd was waardoor het een vlakke indruk maakte.

Ik vind dat schilderijen tenminste in 3 lagen moeten worden geschil derd mt tussenvernis tussen de lagen. Willink zei iets van: Ach, zo deden ze dat in die tijd.

Ik vond dat die tijd dan niet deugde. Ik woonde op twee hoog in de Nieuwe Spiegelstraat 48 en zag Willink in de namiddag vaak wandelen met zijn vriendin Mathilde.

Zij waren beide gekleed in een onop vallende Engelse stijl.

Een paar jaar later ging het paar over tot het dragen van extravagante kleding. Het was een anachronisme om de bejaarde Willink te zien in een hippe Car-naby stijl bloese.

De dure, barokke jurken van Fong Leng die Willink kocht voor een 35000 gulden jaarlijks waren doorgeborduurd op de prachtige flower power zestiger jaren ontwerpen van Marijke Koger (The hippest chick in town 1963) en Josje Leeger van The Fool.

Incidenteel mail ik nog wel eens met Marijke Koger die nu al weer 43 jaar in LA woont met haar echtgenoot.

Onlangs mocht ik haar een Parijse Art Agency aanbevelen waar ik zelf niet mee ga werken.

Willink schuwde niet bepaald de publiciteit en gaf uitgebreide interviews o.a. aan Panorama.

Minder bekend is dat Willink zoals zo veel schilders uit het realistische genre van fotos schilderde. Zijn belichte films bracht hij weg naaar een fotowinkel op de Spiegel gracht waar ik regelmatig kwam en op vertrouwelijke voet stond met de eigenaar van de zaak. Hij vertelde mij dat Willink geen verdere publiciteit aan wilde verlenen dat hij fotos geberuikte. Ik hield dus ook mijn mond. Enkele malen heb ik mijn werk op groeps-tentoon stellingen van realisten naast Willink en Pyke Koch mogen tentoonstellen, hetgeen weinig schilders mij na kunnen zeggen. In 1976 was Mathilde aanwezig bij een opening van mijn tentoonstelling bij Galerie Bouma in de Runstraat, Amsterdam. Ik was gekleed in een driedelig streepjespak met bolhoed en zwarte paraplu als een figuur uit een schilderij van René Magritte tot afschuw van het in jeans geklede morsige, ongewassen, gedrogeerde publiek in post-provo kleding met het obligate pakkie sjek uit de kont- of borstzak, ronde Sjon lennonbrilletjes en Frank Zappa sikken.

Not my cup of tea.

Mathilde gedroeg zich zo onwelvoeglijk en exhibitionis tisch tov mij om mijn aandacht te trekken dat ik mij van haar af keerde.

Ik heb hier al eens eerder over geschreven.

Ik houd er niet van op openingen van tentoonstellingen het midddelpunt van het gezelschap te zijn of opvallend mij te gedragen.

Daarbij kwam ook nog dat zij zich bemoeide met de coke maffia en als ik ergens een hekel aan heb is het aan de drugs sien. In Amsterdam te vaak daar de gevolgen van gezien in de zestiger en zeventiger jaren. Nu zal er wel weer op het VKblog een of andere kunst schilder zijn die Mathilde zogenaamd gekend heeft en onder haar staart gekeken bij het kuikens sexen, net zoals hij de overleden miskende poweet Arie Visser heeft "ge kend en samen aan de horse en naar de hoeren is geweest".

Deze zestiger liegt dat hij barst.

Mijn collega Teun Nijkamp drong zich op aan Willink en dacht daarmeee de nodige faaam te verwerven. Dat is niet gelukt.. Hij beweerde in 1967 binnen 10 jaar in een kasteeltje aan de Loire te wonen, maar woont nu al jaren in een Zeeuws dorpje en werd voorzitter van de Zeeuwse provinciale kunstenaarsvereniging, een gezelschap waarin geen talenten vertegen-woordigd zijn. En Fred van der Wal woont wel in een Grande Maison. Ja hoor, U raaadt het al: niet ver van de Loire

Reacties

Wim Duzijn 07-03-2011 11:05

Ik vind het werk van CAREL WILLINK erg STATISCH – knap maar zonder veel beweging – een beetje HENK HELMANTEL-achtig. Zijn beslissing portretten van 'the captains of industry' ter schilderen was commercieel gezien een meesterzet.

Waarom je het vreemd vind dat hij hippe kleding ging dragen in de hippe jaren 60 begrijp ik niet.

Jij droeg toch ook van die vreemde geitenleren jasjes met bizarre wollen mutsen daarbij die in tegenstelling tot de blouses van Willink heel erg anarchonistisch waren, volstrekt niet pasten in een moderne tijd... "Long hair, like Jesus wore it, halleluja..." Dat is toch het jaar nul...?

Fred van der Wal 07-03-2011 12:26

Reine,

Het vroege werk van Willink is ook bezienswaardig

Fred van der Wal 07-03-2011 12:33

Ik vind Willink een heel wat belangrijker, authentieker schilder dan Helmantel de kerkintereur/ en stilleven imitator stijl 17e eeuw.

Ik droeg een Afghaanse witte jas met bontkraag en een door Mila Hauser gehaakte muts.

Niet bepaald anachronistisch. Het was de mode onder de hippe, Amsterdamse kunstenaars. Niet onder conventionele studentjes en jongeheertjes die bij banken werkten. Willink had niets met the sixties. Een achterhaald monument uit de tijd ter Braak en Du Perron.

Kitty Schoenmakers 07-03-2011 12:35

Fred van der Wal gekleed als Pan Tau. Dat spreekt tot de verbeelding □
Het lijkt me trouwens praktisch onmogelijk om zonder foto's te werken
als je dermate gedetailleerd schildert als Willink dat deed.

Fred van der Wal 07-03-2011 13:07

Dag Kitty

Wie Pan Tau is geen idee

Fleur Frenkel Fr@nk 07-03-2011 13:08

Sfeer,het gaat bij Willink om hetgeen hij toont in zijn doeken. Dat lugu-
bere is zeer tot de verbeelding sprekend. Wat ken je me goed, maar er zijn
nog omvangrijke braakliggende grootgrondgebieden zonder footsteps. Jij
schrijft ook over Provo. Wel ietwat reactionair. Echt een ouwe man? Kan
je ut nog?

Fred van der Wal 07-03-2011 13:09

Frenkle Frank

Sfeer

Speer

liever in me reet

een veer

en nog een keer

en weer een veer

dat is nog eens leer om leer

View 07-03-2011 10:19

@ ZJ, Zo uitvoerig als Fred verwacht ik ook niet.

Fred van der Wal 07-03-2011 13:28

Meneer opinie

Willinks buurman heb ik goed gekend, de schilder Hans Engelman, die water en vuur was met Willink omdat laatst genoemde succes had en Engelman niet. De kunsthandelaren kwamen van uit Amerika over om Willink te vragen een tentoonstelling te verzorgen.
Dan vertelde W. dat hij drie schilderijen per jaar maakte, één voor de belastingen,één ter verkoop en één om de rekeningen van Fong Leng te kunnen betalen.
De opvolgster van Fong Leng Sylvia Quiel, door Hans Engelman, die domme kikkerkop genoemd, heb ik eens getroffen op het inlever adres BKR Amsterdam in de Lutmastraat toen ze nog van de steun vrat en van uit de hoogte het personeel van het inlever adres behandelde waarop ik haar aan sprak of ze een toontje lager wilde zingen.
Krudzlo kwam helemaal niet in het plaatje te pas, dat zijn weer eens de zoveelste verzinsels van een collegaatje van de zoveelste garnituur.
Persoonlijk ging ik liever niet om met drugs tuig en aanverwanten. Daar ben ik veel te sjiek voor.

Share this:

FacebookLinkedIn1TumblrPinterestTwitterRedditGooglePress this

Gerelateerd

Over kunstschilder Carel Willink

In "schilderkunst"

NIEUWE SPIEGELSTRAAT 46 EN 48 AMSTERDAM-C. FRED VAN DER WAL WOONDE ER VAN 1967 -1973

In "Zonder categorie"

KUNSTARTIEST BOKITO VERLIEST WEER EENS EEN DISCUSSIE MET FRED VAN DER WAL

In "schilderkunst"

Bewerken

From → Zonder categorie

2 reacties

fredvanderwal permalink

Krudzlo met 10 werken in het ziekenhuis AMC in depot want opgehangen worden ze niet, deze Alfons Freijmuth imitaties.

Het werk van Krudzlo wordt door een enkele collega kutsooi genoemd en door een man met een Fez met koket kwastje aan de voorkant zelfs bagger uit de Kudtsloot genoemd.

En dient er geen onderzoekscommissie in breder verband benoemd te worden om kudtsooi van de ware waterzooi te onderscheiden?

GISTEREN HEB IK KUNSTENAAR BOKITO ONTMOET. EEN ARTISTIEKE VERSCHIJNING!

maart 5, 2011

Gisteren, lieve webloglezers en – essen was ik in Amsterdam voor de jaarlijkse vergadering van de Nederlandse Kring van Tekenaars. Een erbiedwaardig gezelschap.

U zegt het! Ik weet het! Ik had de bus naar het station in Leeuwarden genomen en daar een eerste klas retour Amsterdam gekocht. Gentlemen not only prefer blondes maar reizen als gentle artist nog altijd eerste klas. Ik ben me een beetje besodommieterd om tegen natte, zure regenjassen aan te moeten zitten en langzaam weg te schimmelen of bij gebrek aan plaats ruimte tegen een dame of heer op te moeten schuren in het gangpad. Voor je het weet ploppen er paddenstoelen uit je oren en kun je champignons plukken uit je liezen.

De elysesische velden. Vruchtbare gronden. Besmetbakken alom. Overal werd gerocheld, gesnoten, gerocheld, kelen geschraapt-de kat die krrabt dee krulleen van de trap- en nat geniest in de tweede klas. Het is de tijd van het jaar, meneer.

Het was koud maar droog weer.

Ik liep vanaf het station via de Nieuwendijk naar Arti et Amicitiae en moest denken aaan de vele kunstcollegaatjes die beweren ooit lid van deze gerenommeerde sociëteit te zijn geweest waar in de annalen echter niets over te vinden is.

Artiesten! Gezegend met een rijke fantasie.

Weer een ander collegaatje die Arti lid was en in 1967 heel zeker wist dat hij binnen tien jaar in een kasteel aan de Loire zou wonen. Ik woon niet ver van de Loire, bezit daar een Grande Maison met vertien kamers, het collegaatje woont in een dorpje in Zeeland en bracht het tot voorzitter van de plaatselijke kunstenaars vereniging.

Verschuivende panelen. Vervulde ambities.

Een duif wiekte laag over mijn hoofd voorbij. Ik voelde de wiekslag. Een milde bries. Ik knikte goedkeurend. De vogel van de vrede brengt zijn eerbetoon aan de man van de onbegrijpelijke eeuwigdurende lieve vrede die hier aan U voorbij trekt in woord, daad en geschrift, monkelde ik als krasse grijsaard en schoffelde verder. Mooi is dat toch. Het kan allemaal. In volle vrijheid. Zo zwaar bevochten.

Bovenstaande foto nam ik op de Dam en gooide een paar muntstukken in het blikje dat naast hem stond. Een heer in een apenpak.

Bokito.

Hij zwaaide met zijn namaak opgeblazen kunststof kunstknuppel naar me en wees er mee op het blikje voor hem op de grond waar een paar euro in lagen.

Ik raakte met hem in gesprek.

Hij bleek een leerling van de kunstakademie te zijn die er bij werkte om zijn studie te bekostigen. Als de subsidies ophielden zou hij als kunstenaar zijn hele leven voor aap blijven staan, verzekerde hij mij.

Het was "beste business" en met zelfrespect had het niets te maken. Je moest roeien met die riemen die je had, verklaarde hij wijsgerig. Monkey Business.

Gas, licht en electra kon hij er ruim mee bekostigen en dan bleef er nog genoeg over voor een zak patates, twee Febo kroketten en een portie bitterballen voor toe. Hij zou het allemaal in zijn autobiografie zetten.

"Voor later als ik beroemd ben" voegde hij er veel betekenend aan toe.

Weinig kunstenaars die ik ken staan vrijwillig voor aap.

Nee, toch, busje komt zo... ik ken er tenminste eentje!

ZIJN MOTTO IS PLEASURE AND PAIN EN WAAR DE PLEASURE OPHOUDT IS VOOR MIJ DE GRENS

maart 4, 2011

"Zijn motto is Pleasure and Pain

De folteringen die de Inquisitie uitvoerden bij de heksenprocessen waren vaak ten eigen bate van de roomse folteraars sexueel gericht, die er heel wat seksjuweel genot uit peurden.

De folter instrumenten waren bij uitstek ontworpen om de sexuele organen van de slachtoffers te doorsteken, verbranden, vermorzelen, verminken of door de wringer te halen.

Een oorlog tegen de sexualiteit.

Nou, daar kan geen ongeschoren Friese boerenlul met de hooivork tegen op!

Ik ben er zwaar op tegen en doe er niet aan mee. Mijn adagium is dan wel Pleasure and Pain en waar de Pleasure ophoudt is voor mij de grens want de Pain mag niet de ganse horizon beslaan, dan is er geen lol meer aan.

De zonden waar de gemartelden van beschuldigd werden waren allemaal sexueel van aard.

De rooms katholieke priesters vonden het daar om de gewoonste zaak van de wereld de sexuele organen als het gereedschap waarmee de fictieve zonde was begaan te folteren, te kneden, knijpen, verscheuren, roosteren en vernietigen. Binnenbroeksebinnenbandbrand noem ik dat graag.

Als een man of een vrouw beschuldigd was van hekserij en voor het hof was gebracht,dan kon hij/zij alle hoop laten varen.

Als de gedaagde bekende werd hij toch gemarteld en daarna op de brandstapel gezet en als men niet bekende werd er gemar teld ter leringhe ende vermaeck van de folteraars en de genodigden bij het drama en voor de hypokriete priesters was de reden om de ziel te zuiveren tot dat de gemartelde bekende of ondanks de bekentenis.

Als eenmaal de borsten, schaamlippen, anus en de tepels waren verbrand, de ribben gebroken op de martelstrek- en rekbank, de vagina en anus gepenetreerd waren met roodgloeiende ijzeren roedes om de inwo-nende duivels uit te bannen en terug te zenden naar het hellevuur want vuur bestrijdt men met vurige tongen, werd hem of haar genade verleend en regelrecht met een broek vol Mariakoekies en de ziel vol van genade, het vlees onder de stront en de ranzige pis naar de brandstapel gevoerd in naam van de paus en zijn hielenlikkende, meestal homosexuele prelaten.

Laat ik U eens huiverend bij de klamme hand mee voeren naar een roomse folterkamer met een denkbeeldige, gevangen genomen tovenares of heks, liefst een onbevlekte adembenemend mooie maagd die hier wordt ingewijd in de mysterieën van pijn, angst, sadomasochisme en een lesje krijgt in de roomse, ware de afgodendienst.
De ruimte is groot, vochtig, de muren druipen van het kondensvocht en de vloer is bedekt met braaksel, stront, pis, sperma, rottende ingewanden, afgerukte nagels en geronnen bloed.
Een vreselijk stank van verbrand vlees en excrementen vult Uw neus gaten en doet Uw haren ter berge rijzen.
Het enige licht in de duistere ruimte komt van een paar spaarzame flam-bouwen aan de muren en een houtskool brander in een hoek waar rood gloeiende ijzeren staven en tangen in het smeulende vuur liggen te wach-ten om gebruikt te worden door de wellustige roomsche folteraars als de jonge vrouw aan polsen en enkels wijdbeens naakt vast gebonden op de martelbank ligt.
Onder haar rug een klein melk krukje, zodat haar lichaam tot het uiterste aan toe strak gespannen staat en vagina en anus beter bereikbaar zijn voor de graaiende grijpvingers van de priesters, folteraars en folter instrumen-ten.

Aan de muren hangen talloze zwepen,riemen,tangen in alle soorten en formaten, wiggen, ijzeren ringen, kettingen, lange naalden ,metalen en houten dildos, scheermessen, naalden, sstalen pennen, gewichten om aan de tepels, lul en ballen te bevestigen en vooral veel bindmateriaal.

De aanwezige staf bestaat uit een aantal gehuurde doorgewinterde biseksuele perverten en sadisten van roomsche huize. Ze zijn in het zwart gekleed en dragen grote zwarte kappen om niet herkend te worden, maar ook vanwege de sinistere uit straling van het beulsuniform, een outfit behorende bij het gedegenereerde roomsch katholieke paederasten geloof, die sataniese kultus van de dood en heidens bijgeloof.

Wrede, sadistiese ogen kijken door gaten in de zwarte kappen wellustig naar het slachtoffer.

Het maakt hen niets uit of het een man of een vrouw is die zij onder handen gaan nemen, zo lang hij of zij maar jong, mooi, welgevormd is en in het bezit van een strakke anus of sappig knijpkutje.

Twee sombere priesters vragen het slachtoffer of zij bereid om haar bekentenis af te leggen voor het folteren begint of liever er na.

Zelfs hier is de klant koning, alhoewel het voor de duur en de zwaarte van de folteringen niets uit maakt of de bekente nis vroeger of uren later in het folter trajekt wordt gedaan.

Zij ontkent heftig dat zij een heks is.

Zij smeekt om genade.

Ze schreeuwt van ontzetting als de priesters haar de gloeiende tangen en andere martel instrumenten tonen die spoedig haar intieme vlees zullen kusssen.

Ze zegt beschuldigd te zijn door een onaantrekkelijke vrouw die non werd en jaloers is op haar fysieke schoonheid en op haar vele huwelijks kandidaten die om haar hand en k*tspek vechten.

Ze voert aan dat ze puur protestants is en daarom slachtoffer is van een roomsche samenzwering. De priesters klakken afkeurend met hun tong bij zo'n mededeling die als blasfemiese ijdelheid wordt beschouwd en spugen verontwaardigd op de grond maar de folteraars grijnzen met instemming.

Zij zien ook wel dat de net binnen gebrachte heks behalve protestants, sexueel buiten gewoon aantrekkelijk en sensueel is. Dat is het enige wat telt voor de sadisten.

Het is altijd prettiger een jonge en aantrekkelijke vrouw van een andere godsdienst met grote volle borsten, strakke billen en stevige dijen uren lang te martelen dan een oude gerimpelde, uit alle gaten en hoeken stinkende bejaarde heks met een zwarte, aangekoekte reet van dood vlees onder de genitale wratten waar ze niet veel plezier aan beleven en waar ze meestal korte metten mee maken.

Ze overwegen of ze het slachtoffer eerst uren lang zullen boeien met nat gemaakte leren riemen die strak om de enkels, knieën, dijen, middel, borsten, hals en polsen gaan en langzaam op drogen en steeds strakker gaan zitten tot de bloed circulatie en de ademhaling bijna volledig tot stilstand komen en de ledematen paarszwart gaan opzwellen om uiteindelijk af te sterven.

Deze foltering duurt de folteraars echter te lang en ze besluiten tot een iets zwaardere tortuur van de lichte tot middel zware klasse. De beide priesters bladeren even in het zwartboek der folteringen, overleggen waar begonnen zal worden met de eerst tortuur, wenken nu ongeduldig de folteraars en sporen ze aan tot aktie als ze de vrouw ruw beet grijpen op intieme plaatsen en haar hardhandig de kleren van haar lijf scheuren.

Ze heeft een prachtig strak, jong lichaam, welgevormd, willig en stevig. Grote borsten met flinke,donkerbruinrode tepelhoven waar een paar stijve tepels op prijken, die ondanks haar angst in erektie staan omdat het haar toch heel erg sexueel opwindt om verkracht en gepijnigd te worden door deze onbekende roomsche mannen met brede zadels en forse toeters.

Haar brede heupen en lange benen brengen de beulen in uiterste staat van opwinding. De erekties van de folteraars zijn al direkt duidelijk zichtbaar en projeccteren driehoekige tentvormen in hun bruine pijen die er ondder te lijden hebben.

.De mannen voelen langdurig aan haar tepels, borsten,billen en dijen.

Ze maken schaamteloze op merkingen over haar bekoorlijkheden, penetreren haar vagina en anus met de vingers en terwijl één van de folteraars haar anaal verkracht met zijn goed ingevette vuist, fluistert hij iets in het oor van één van de priesters dat hij hoopt dat de vrome godsmannen voor een paar uur de folter kamer verlaten voor de vrouw te lang gefolterd is om nog goed te ogen en sexueel gebruikt te kunnen worden door de aanwezigen.

De folteraars gebruiken ieder slachtoffer eerst sexueel anaal, oraal en genitaal talloze malen voor het eigen genot en om de reakties van de vrouw te kunnen peilen voor ze haar met de zware tortuur gaan folteren. Soms is dat een beetje riskant als een vrouw van een hogere klasse of goede komaf wordt binnen gebracht, maar dit werk schept perfekte kansen voor ondernemende mannen die niet voor een kleintje vervaard zijn om zoveel mogelijk vrouwen te kunnen neuken, martelen en vernederen zo lang als ze zelf willen voor ze gefolterd gaat worden en na een paar uur ontoonbaar zal zijn als haar huid zwart geblakerd is door zwavel, vuur en roodgloeiende poken.

Geen enkele man of vrouw verlaat deze martelkamer in dusdanige staat dat hij of zij zich nog kan beklagen bij de echtgenoot, vader of moeder over de onwel voeglijke taal van de beulen en de bovenaardse, helse pijnigingen die alle verstand te boven gaan.

Voor de zekerheid scheuren de folteraars na afloop van het folterproces met een rood gloeiende tang nog even achteloos de tong van de veroordeelde uit de bek zodat het onmogelijk is voor het slachtoffer iets anders uit te brengen dan waanzinnige keel klanken, gesmoord in bloed. Nadat de vrouw naakt is en uitvoerig intiem betast door haar beulen wordt ze op een tafel vast gebonden. Haar armen en benen wijd uiteen, tot vermaak van de aanwezigen, die recht in haar k*t kunnen kijken. Villa schoonzicht!

De pijnlijke soms uren lang durende inspektie naar het Duivelsteken begint.

Eén van de mannen pakt een scheermes en een schaal warm water en zeep.

Hij scheert ruw alle lichaamsbeharing van de vrouw af.

De priesters eisen op plechtige toon dat geen lichaamsdeel wordt overgeslagen en kijken goed keurend toe als haar schaam delen kaal geschoren er bij liggen als een sappige roze mossel met omgekrulde kokette schaamlippen die haar k*t het aanzien geeft van een smachtende smartelijk gekrulde sensuele mond, zoals de biseksuele Catharina had in 1967.

Als het kaal scheren eindelijk klaar is gaan de mannen over tot de naaldentest voor het Duivelsmerk.

Die kleine, ongevoelige plek op het wonderschone lichaam van de vrouw die haar Duivelse Meester de Satan zelve heeft achtergelaten bij de sexuele om gang met de heks als teken van zijn duivelse vakmanschapmeesterschap zullen zij eerst eens gaan opsporen.

De mannen nemen met een plechtig gebaar allen een lange scherpe naald ter hand en steken om beurten de naalden diep in het vlees van de vrouw. De folteraars weten uit ervaring dat ieder lichaam zekere voor pijn ongevoelige plekken kent, maar waar om zouden zij haast maken met het prikkelen op plaatsen daar waar zij succes zouden kunnen hebben, hetgeen een einde aan deze heel speciale foltering zou maken.

Het is zaak voor de sadistiese folteraars deze pijniging zo lang mogelijk te laten duren om te kunnen genieten van de opwindende aanblik van het kronkelende naakte vrouwenlijf.

Elke keer windt het de mannen weer op om langzaam naalden te steken in alle intieme plekken van een aan hun sadistiese willekeur overgeleverd lichaam.

De naalden worden bij voor keur gestoken in de borsten, kruislings dwars door de gevoelige, stijve tepels, oksels, voet zolen, schaamlippen, clitoris, anus, dijen en billen van de vrouw.

Als de tepels niet uit zichzelf stijf gaan staan of als er sprake is van een zogenaamde luie tepel dan is daar de schaal met ijsklonten om de tepel even aan het schrikken te maken en als dat niet helpt wordt de ddoorgaans beschonken tepeldraaier uit de herberg er bij geroepen mmet zijn lenige vingers.

Iedere keer dat de vrouw luidkeels en wanhopig schreeuwt als de naalden het vleees proeven schudden de priesters teleur gesteld het hoofd omdat het merk van de duivel weer niet gevonden is en wenken de sexueel opgehitste beulen ongeduldig om verder te gaan, die er steeds meer plezier in gaan krijgen.

Eén van de priesters wijst naar het houtskoolvuur met de gloeiende tangen en roedes en vraagt de vrouw weer haar zonden te bekennen, want anders...dan wacht haar het eeuwige vuur in de hel!!!

Voorlopig is er echter voor haar alleen het tijdelijke vuur van de rood gloeiende folterwerktuigen.

Een gloeiende roede wordt uit het vuur gehaald en haar getoond.

De Godsmannen zwaaien langzaam het rood gloeiende ijzer vlak voor het gezicht van de vrouw.

Even de tepel aanschroeien is voorlopig wel genoeg, zegt een priester zuinig, die zich onder dehand openlijk en schaam teloos masturbeert ter wijl hij begerig naar het kronkelende lichaam van de vrouw kijkt als haar gevoelige tepel de hitte ervaart van de gloeiende pook, die heel langaam dichterbij komt om het moment van de opperste pijn uit te stellen.

De geflambeeerde vrouw zou later een film worden.

De ene tepel wordt vakkundig geschroeid.

Daar is het gesis en de stank van verbrand vlees. De vrouw gilt uitzinnig en valt dan flauw.

De priesters spuiten hun sappen op dat moment vrolijk in het rond en brengen haar met hun geile poten liefdevol weer bij kennis door een doek gedrenkt in ammoniak tegen haar neusje te houden.

Ze mag wat wijwater drinken als beloning en krijgt een as kruisje op de zwaar gekwetste tepel en haar venusheuvel.

De priesters glimlachen begijpend naar haar met een zuinig roomsch pruimedanten mondje en geven een wenk dat de tweede tepel nu ook geschroeid kan worden.

Weer schreeuwt de vrouw even uitzinnig als de eerste keer en verliest weer voor enige tijd het bewustzijn. De priesters trekken zich voor de tweede keer af en komen brullend van sadistiese sexuele lusten klaar ondrdehand een Weesgegroetje biddend en met jammerende uithalen Maria en de Heilige Magadalena Moeder Aller Smarten aan te roepen en de Paus zalig te verklaren.

Een tweede keer wordt zij bij gebracht en weer ziet zij de genotzuchtig glimlachende gezichten van de roomsche geeste lijken met de dunne, wrede lippen en de duidelijk zichtbare erecties die nog steeds een driehoek projecteren in de ruwe, bruine stof van de stinkende monnikspijen. Als ze weer helemaal bij kennis is ligt zij uitgestrekt op het rek van de schande.

Een rek- en strekbank waarop de ledematen van de gepijnigde worden uitgerekt met als verdwijnpunt het oneindige.

Een katoenen doek wordt voor haar neus en mond gebonden en een folteraar giet water over de doek zodat zij nauwelijks adem kan halen en bijna stikt.

Een foltering die ook nu nog wel wordt toegepast in de kerkers van geheime diensten overal ter wereld in opdracht van de Amerikaanse bondgenoten.

Na enkele keren wordt de doek even weg gehaald.

De priesters vragen haar indringend naar de Zwarte Mis die zij naakt zou hebben bijgewoond.

Waar werd de laatste gehouden?

At zij gebraden of klaar gestoofd mensen vlees?

Wie zag zij daar?

Had zij de anus van de Duivel gelikt of gekust?

En hoe vaak? Hoe lang?

Waar smaakte de anus van de duivel naar?

Had zij de anus van de duivel met haar tong geneukt?

Hoe voelde het lid van de Duivel aan?

Hoe groot was de penis van Satan? Hoe zwaar waren zijn teelballen?

Stortte hij zijn duivels zaad in haar uit en wat was de kleur van het duivelssap?

Hoeveel liters bedroeg de ejakulatie van de Satan? En was dat ijskoud of brandde het als hellevuur? Had zij zich door demonen in haar anus of mond laten neuken en was zij daarbij klaar gekomen? En hoe vaak? Had zij tegennatuurlijke sexuele omgang gehad met andere heksen? En genoot zij daar van?

Bij iedere ontkenning van haar kant wordt het grote wiel van de rekbank iets verder aangedraaid.

Eén voor één breken haar ribben. Haar enkels zijn al lang ontwricht. De pijn is niet langer te dragen. Een schouder is bescha-digd. De vrouw is al lang buiten kennis geraakt. De priesters smijten een emmer ijskoud water uit de put over haar heen en geven een teken om haar van de rekbank te halen.

Het is lunchtijd en de priesters zijn al enige malen klaar gekomen in eigen hand,dus de hoogste nood wat de sexuele goesting betreft is over gedreven.

Daar krijgt een normaal mens honger van.

Alle deelnemers aan dit pijn festival zijn hevig teleur gesteld dat de vrouw nog steeds niet heeft bekend.

Gisteren ging het gemakkelijker toen ze een mooie,blonde jongeman van 25 bij zijn ballen tegen het plafond ophesen en daar rustig drie uur bleef hangen en hij alleen nog maar waanzinnig brabbelend met blauwzwarte ballen een bekentenis kon afleggen.

De priesters verlaten de folterkamer met biddende handen met de mede-deling dat de folteraars nu wel langzamerhand kunnen gaan beginnen met de zwaardere folteringen uit de megaklasse.

De geestelijken verzoeken enigzins korzelig niet weer geroepen te worden voordat de vrouw eindelijk bekend heeft. In de tussentijd zullen ze menig pintje pakken in de plaatselijke herberg en schuine bakken tappen over het lichaam van de gefolterde vrouw.

De pijnkoningen kijken elkaar plechtig aan als gezworenen.

Zij weten dat er geen normale nacht zal zijn voor deze jonge, aantrekke-lijke vrouw, tenminste niet in de nog steeds redelijke fysieke konditie waar in haar lichaam nog steeds verkeert na de lichte tortuur, die haar hooguit sexueel opwond.

Elke echte vrouw vindt het lekker als ze pijn lijdt onder de handen van een echte, goed ingevoerde S.M. -er. Als zij haar nu lieten gaan zou de chirur-gijn haar zonder moeite nog steeds kunnen oplappen en zou zij binnen korte tijd weer even aantrekkelijk zijn, maar dat is niet de bedoeling van de vrome godsmannen.

Terwijl de vrouw weer buiten bewustzijn is nemen de mannen haar sexueel op verschillende manieren.

Het lijkt alsof hun lusten niet zijn te bevredigen. Ze vinden het wel gemakkelijk dat ze niet bij kennis is.

Meer dan een sexueel speeltje zo als de op blaasbare sexpop van anno nu is zij niet meer.

Nu hun sexuele lusten tijdelijk zijn gestild,kennen zij geen terughoudendheid meer en kent hun wreedheid al helemaal geen grenzen meer.

Eén van de mannen strooit zwavel in haar oksels en steekt het aan. Haar handen worden op haar rug gebonden en haar enkels samen gesnoerd zodat zij niet langer kan trappen en ze wordt tegen het plafond op gehesen met een takel installatie.

Als ze meters hoog hulpeloos bengelt laten ze haar plotseling vallen. Dit ritueel, door de geestelijke "de doop van de geesten van de lucht" genoemd, wordt talloze malen herhaald.

De mannen genieten elke keer als ze haar weer omhoog takelen en uiteindelijk gewichten van dertig kilo aan haar enkels bevestigen zodat ze nog harder tegen de stenen vloer smakt.

Haar bloed vloeit. De mannen willen bloed zien, ruiken, proeven en zich aan haar levenssappen bedrinken.

Ze willen het kraken van de brekende botten en gewrichten horen. Waar christenen zijn wordt geleden, dat is een histories feit.

Nog steeds wil de onschuldige vrouw niet bekennen.

De mannen kijken elkaar veel betekenend aan. Zij weten wat haar weigering betekent en gaan dan zwijgend over tot drastieser maatregelen. Haar tenen worden één voor één in duimschroeven geplaatst en stevig aan gedraaid tot het bloed er uit spuit van onder de nagels.

De tenen breken één voor één met een licht knappend geluid alsof paprikachips tusen de tanden en kiezen knarsend vermorzeld worden. Weer geen bekentenis.

De vrouw gilt nu voortdurend aan één stuk door de martelende pijnen.

De mannen genieten uitbundig en kennen geen mede lijden. Nu de mannen zich al lang niet meer bekommeren om haar uiterlijk schoon of haar kon ditie gaan ze steeds harder te keer met rood gloeiende staven, naalden,scheermessen en tangen. Vorige week nog scheurde de hoofd folteraar lachend de borsten van een jonge vrouw er af met een paar gloeiende tangen.

Een gloeiende pook wordt diep haar anus in gedreven uit volle kracht tot aan het handvat en een penisdikke andere gloeiende staaf tegelijker tijd haar vagina in geramd.

De folteraars grijnzen en je ziet ze denken: "Zo! Die zit! Pak 'm beet, Stanzi! Hebben is hebben en krijgen is de kunst, k*twijf!"

De zogenaamd roomsche stille omgang of een springprocessie is er niks bij.

Even een gaatje vullen, een zwevend ouwe wijven ouweltje weg slikken en voor het zingen de kerk uit zie je de priesters denken, terwijl zij hun gesteven man lijk deel ontuchtig beroeren!

De folteraars maken nu toch serieus haast om nog voor het avond eten thuis te zijn.

Ze zijn nu al vanaf zeven uur 's ochtends twaalf uur aan één stuk bezig deze vrouw stukje bij beetje fysiek en psychies af te breken en het leven uit haar lichaam en geest te folteren.

Eventueel zullen zij haar hele gebroken lijf door de cylinders van een stalen wringer halen om haar tot een bekentenis te dwingen, zoals ze mannen die weigerachtig zijn wel even op de ballenschaaf zetten. De folteraars hebben nu haast om er een einde aan te maken en gieten een fles gewijde zalfolie over haar kaal geschoren hoofd en steken het in brand. In haar verschrikkelijke wanhoop schreeuwt de vrouw nu dat ze eindelijk toch maar wil bekennen.

De beulen applaudisseren en de opgeluchte priesters worden erbij geroepen en de afzichtelijk mishandelde vrouw stamelt een bekentenis uit haar verkoolde zwart verbrande lippen en erkent dat ze een heks is die de Zwarte Mis heeft bezocht en het vlees van pas geboren babies heeft gegeten.

De priesters krabben aan hun jeukende ballen en slaan hypokriet een kruis, prevelen een weesgegroetje, kijken elkaar triomfantelijk aan en glimlachen.

Ze hebben een geslaagde dag achter de rug.

Iedereen, behalve het gefolterde onschuldige slachtoffer, is tevreden. In Rome gaat er in het vaticaan een applaus op.

De beulen overleggen of er nog genoeg tijd over is om de vrouw bij wijze van wrede beloning voor haar bekente nis op het rad te leggen en al haar ledematen één voor één te breken alvorens ze vroeg in de ochtend na een vreselijke nacht naar de brandstapel gaat.

De folteraars maakten deel uit van een obcene en monstrueuze industrie, die werk gaf aan rechters, priesters, beulen, folteraars, gevangen bewaarders, exorcisten,heksenjagers en houthakkers om voor hout te zorgen voor de brandstapels.

Nog steeds zijn roomsche mensen door het vaticaan verplicht achter in de tuin een stapel brandhout voorradig te houden om op een teken van Rome aan hangers van de reformatie weer op de brandstapel te zetten.

De folteraars werden gewoonlijk betaald per gefolterde, bemerkten spoedig dat de slachtoffers onder de extreme martelingen genegen waren namen te noemen van andere heksen en duivelaanbidders. Genoeg werk aan de winkel tot tegen het einde van de zestiende eeuw.

"Geef mij een willekeurige bisschop en ik laat hem binnen een dag bekennen dat hij een heks is als we hem stevig bij zijn kloten hebben", zei een beroepsfolteraar lachend.

"Goed idee," zei Fred van der Wal opgetogen; "Ik weet nog wel zo'n halve zool.Wat dachten jullie van kardinaal Simonis?"

Gerelateerd

ADVANCED TORTURE FOR BDSM LOVERS OF THE PAIN AND PLEASURE INDUSTRY

In "Zonder categorie"

BDSM. PEN AND INK ON PAPER.1970. FRED VAN DER WAL

In "Zonder categorie"

SELFPORTRAIT OF THE ARTIST WITH NIPPLE CLAMPS

In "Zonder categorie"

Inhoud:

Pag. 87. Mevroj! Mieneer! U probeerde een boek te schrijven toen u nog niet kon lezen en schrijven? Sjappo hoor! (deel 3)

Pag. 91. Onbenullige, weltfremde Leute, dreigen regelmatig met processen, hahaha!

Pag. 93. De typisch Nederlandse klaag- en kliem cultuur hoort bij een volkje dat bij voorkeur jammert en zich het geweten van de wereld waant

Pag. 98. Kunstartiest Bokito verliest weer eens een discussie met Fred van der Wal

Pag. 111. Over kunstschilder Carel Willink

Pag. 117. Gisteren heb ik kunstenaar Bokito ontmoet. Een artistieke verschijning!

Pag. 119. Zijn motto is pleasure and pain en waar de pleasure ophoudt is voor mij de grens